Christina Buchner

Ich will einfach wichtig sein

W0072759

HERDER spektrum

Band 4927

Das Buch

Ist Susi wirklich „faul"? Und Oliver „bockig", Martin „aggressiv"? Wenn Kinder in die Schule gehen, verhalten sie sich manchmal so, dass Eltern und Lehrer irritiert sind. Denn eigentlich ist Susi intelligent, Oliver mag keine Fehler machen. Christina Buchner zeigt, was hinter dem Verhalten steckt, das Erwachsene oftmals stört oder beunruhigt. Kinder zeigen oft auf eine Weise, die Erwachsenen überhaupt nicht „passt", wenn sie mit irgend etwas Schwierigkeiten oder Probleme haben. Es ist ihr Mittel, sich zu Wort zu melden. Erkennt man, was sich dahinter verbirgt, entkrampft sich manche Situation. Die Geschichten, die Christina Buchner hier von Kindern und ihren Eltern erzählt, zeigen, dass manche Schwierigkeit erstaunlich einfach zu lösen ist. Kindern geht es so wie Erwachsenen: Auch sie wollen wichtig, beachtet sein, gehört werden – vor allem, wenn es um sie selber geht. Kleine Gesten, Ermutigungen können einem Kind die Bestätigung geben, die es braucht, um den (Schul-) Alltag zu bewältigen. Ein Buch, das Eltern Mut macht, bei ihren Kindern ganz andere Seiten zu entdecken.

Die Autorin

Christina Buchner ist Leiterin einer Grundschule und Autorin zahlreicher Bücher. Bei Herder Spektrum: Kluge Kinder fallen nicht vom Himmel. Was Eltern alles tun können (Band 4573).

Christina Buchner

Ich will einfach wichtig sein

Was Kinder mit ihrem Verhalten sagen wollen

Herder

Freiburg · Basel · Wien

Gedruckt auf umweltfreundlichem,
chlorfrei gebleichtem Papier

Originalausgabe

Alle Rechte vorbehalten – Printed in Germany
© Verlag Herder Freiburg im Breisgau 2000
Herstellung Freiburger Graphische Betriebe 2000
Umschlaggestaltung und Konzeption:
R·M·E München / Roland Eschlbeck, Liana Tuchel
Umschlagfoto: © The Stock Market
ISBN 3-451-04927-9

Inhalt

Einführung

Wann sind Eltern gute Eltern?

Wenn sie ihr Kind lieben, sein Bestes wollen, bereit sind, für ihr Kind etwas zu tun?

Das könnte man sicher so sagen. Andererseits scheint das allein aber nicht zu genügen, denn viele Kinder, deren Eltern diese Kriterien erfüllen, kommen ganz offensichtlich nicht auf ihre Kosten. Das Beste, das die Eltern für ihr Kind anstreben, muss nicht immer auch wirklich das Richtige sein. So hatte ich vor langer Zeit eine Kollegin, die dafür bekannt war, dass sie die Schüler ihrer Grundschulklasse – neun- und zehnjährige Kinder – mit allen ihr zu Gebote stehenden Mitteln zu schulischen Leistungen drängte, die sie für grundlegend hielt. Sie war äußerst streng, einschüchternd und verständnislos und erreichte bei sehr vielen Kindern, dass diese – wohl aus bloßer Angst – „spurten".

Die meisten Kinder hassten aber die Schule, das Lernen und ihre Lehrerin mit einer Heftigkeit, die fast erschreckend war. Meine Tochter war mit einem Mädchen aus dieser Klasse befreundet, und so erlebte ich des Öfteren hautnah mit, wie dieses Mädchen, das aus einer Akademikerfamilie stammte, gut gefördert, sorgfältig erzogen und geistig vielseitig interessiert war, ihre Lehrerin meiner Tochter gegenüber mit deftigen Schimpfnamen belegte und auf rüdeste Weise über sie herzog.

Die Lehrerin wiederum verteidigte ihren Unterrichtsstil mit dem Argument, sie wolle nur das Beste für ihre Schüler und denke eben an später.

Mir gegenüber erwähnte sie öfter, sie mache es sich eben nicht so leicht wie ich. Ich arbeitete nämlich auf ganz andere

Weise, spielte mit meinen Schülern Theater, hatte einen Schulgarten angelegt, kochte gelegentlich mit den Kindern, machte Projekte und hatte mein Augenmerk weniger auf ein fiktives „Später" gerichtet, als vielmehr zunächst einmal auf die Kinder im Hier und Jetzt mit ihren Bedürfnissen und Fähigkeiten. Mein erzieherisches Handeln war ebenfalls geprägt von dem Wunsch, meinen Schülern zu einem guten Start ins Leben zu verhelfen.

Ich hielt aber Überlegungen wie diese: „Das Leben ist hart, also bereite ich Kinder am Besten darauf vor, indem ich sie hart anfasse" immer schon für äußerst verhängnisvoll.

So bestechend derlei Schlussfolgerungen klingen mögen, lassen sie doch eines gänzlich außer Acht: Um ein Erwachsener werden zu können, der belastungsfähig, selbstbewusst und autonom seinen Weg geht, muss ein Kind sehr viele ermutigende Erfahrungen in der Kindheit machen, die ihm helfen, ein positives Selbstbild aufzubauen und sein Selbstwertgefühl zu entwickeln.

Übermäßig fordernde Erwachsene können diese Erfahrungen genauso wenig vermitteln wie übermäßig verwöhnende.

In beiden Extremfällen wird das Kind nicht in seiner momentanen Daseinsform geschätzt und zur Kenntnis genommen. Überforderte Kinder sind häufig die Träger elterlicher Wünsche und Projektionen: Sie sollen das erreichen, was ihren Eltern versagt geblieben ist, sollen stellvertretend für diese einen bestimmten sozialen Status, Erfolg in der Öffentlichkeit oder eine gehobene berufliche Stellung und wirtschaftliche Prosperität erlangen.

„Du sollst es einmal besser haben als wir", ist ein häufig gebrauchtes Statement für diese Variante elterlicher Fürsorge.

Eine weitere Variante elterlichen Ehrgeizes ist gerade in den letzten beiden Jahrzehnten immer häufiger geworden: Die Eltern, die selbst eine qualifizierte Schul- und Berufsausbildung besitzen, wollen unbedingt, dass ihre Kinder zumindest diesen Status auch erreichen, weil sie alles andere als eine Abwertung ihrer eigenen Persönlichkeit betrachten würden.

Doch auch verwöhnte Kinder werden nicht einfach in ihrem Kindsein angenommen und geliebt. Sie haben es oft noch viel schwerer als die überforderten, weil sie in einer künstlichen Kindlichkeit und Abhängigkeit gehalten werden, die ihre eigenen Impulse geradezu erstickt und ihnen individuelle Entwicklung unmöglich macht.

Wie immer bei der Erziehung von Kindern liegt der richtige Weg in der Mitte zwischen den verschiedenen Extremen: Natürlich ist es wichtig, Kinder zu fordern und von ihnen Leistungen zu verlangen, die sie ihrem Alter und Entwicklungsstand entsprechend erbringen können. Sie ständig bis an die Grenze ihrer Belastbarkeit und gelegentlich auch noch darüber hinaus zu fordern ist aber grausam und fördert verbissenen Ehrgeiz, Versagensängste oder Minderwertigkeitsgefühle.

Genauso wie Kinder gefordert werden müssen, brauchen sie es auch, die Liebe und Unterstützung ihrer Eltern zu spüren und zu erleben. Sie müssen Körperkontakt, Trost und emotionale Zuwendung bekommen.

Kinder jedoch nur zu verwöhnen, sie im Übermaß zu bevormunden und zu bemuttern und sie mehr als lebendiges Kuscheltier denn als eigenständiges Individuum zu behandeln ist ebenso wenig förderlich wie permanente Überforderung.

Wie sollen Eltern nun herausfinden, welche Dosis jeweils die richtige ist?

Die konkrete Entscheidung im Einzelfall kann ihnen kein Erziehungsratgeber abnehmen. Ich meine aber, dass das gar nicht so schwierig ist, wenn sie ihren Blick nicht über das Kind hinweg, sondern auf es richten: Dann sehen sie es nämlich in seinem So-Sein, mit seinen momentanen Eigenheiten und Bedürfnissen.

Das setzt jedoch voraus, dass Eltern sich wirklich für ihr Kind interessieren, dass sie sich gerne mit ihm beschäftigen und dies nicht als langweilig, sondern als spannend und lehrreich erleben. Sie meinen nun vielleicht, es sei doch eher selbstverständlich, sich für die eigenen Kinder zu interessieren. Doch ist das genau der Punkt, an dem nicht immer ehrlich argumentiert wird. Ich bin sicher, alle Eltern würden, nach dem Interesse an ihren Kindern befragt, überzeugt behaupten, dieses zu besitzen.

Wenn wir jedoch aufmerksam beobachten, wie Eltern mit ihren Kindern in alltäglichen Situationen oft umgehen, müssen wir eher den Eindruck gewinnen, Kinder würden als belanglos, unwichtig, uninteressant oder lästig empfunden und nicht als interessant.

Paradoxerweise verwenden viele Mütter einen beachtlichen Teil ihrer Zeit darauf, ihre Kinder zu Tennisstunden, Musikunterricht, ins Ballett oder zur Nachhilfe zu chauffieren. Sie sind also sehr wohl an ihnen interessiert, aber auf eine mittelbare Weise, die im Kind eher das sieht, was es einmal werden könnte und weniger das, was es ist.

So sind der zukünftige Tennisstar, die zukünftige Pianistin, der zukünftige Akademiker für Eltern oft interessanter und wichtiger als das gegenwärtige Kind.

Wie groß die Unterschiede zwischen verschiedenen Eltern gerade in Bezug auf das unmittelbare Interesse an ihren Kindern sind, konnte ich erst unlängst ausgiebig studieren.

Wir führten an der Schule Projektwochen durch, in denen es auch um sinnvolle Freizeitgestaltung ging. In diesem Zusammenhang boten wir einen Workshop an, den eine Umweltpädagogin abhielt, die sich besonders auf die Lebensweise der Indianer spezialisiert hatte.

Da die Freizeitgestaltung in den Familien sehr stark von den Eltern geprägt und bestimmt wird, schien es uns sinnvoll, diesen Workshop nur für Kinder anzubieten, die in Begleitung eines Elternteils kamen. Die Veranstaltung war sehr gut besucht: Es nahmen 45 Kinder aus der 1. und 2. Klasse und entsprechend viele Erwachsene teil.

Bei der Vorbesprechung meinte die Referentin, die große Teilnehmerzahl sei völlig problemlos, denn sie habe schon Gruppen mit 60 Kindern gehabt, von denen jeweils 10 durch einen erwachsenen Helfer betreut worden seien, während sie selbst zwischen diesen Zehnergruppen hin und her gependelt sei und so alles gut im Griff gehabt habe. Also müsse das mit einem Erwachsenen pro Kind noch wesentlich einfacher sein.

Bei dem Workshop sollten dann an alle Kinder Federn ausgeteilt werden. Die Referentin wollte zunächst einmal über die ursprüngliche naturnahe Lebensweise der Indianer Nordamerikas erzählen und anschließend den Kindern zeigen, wodurch an Federn erkannt werden könne, von welchem Teil des Vogelkörpers sie stammten.

Danach sollten einige Naturspiele gemacht und zum Schluss ein Traumfänger gebastelt werden.

Und – wie gesagt – sollten bei all dem die Eltern ihren Kindern helfen, sich um sie kümmern und gemeinsam mit ihnen Neues erfahren und erleben.

So stellten wir uns das vor.

Was wir erlebten, war nicht ganz so, für uns aber ausgesprochen aufschlussreich.

Mindestens ein Drittel – eher schon die Hälfte – der begleitenden Mütter überließ die Kinder sich selbst, betrachtete den Workshop als geselligen „Event" und unterhielt sich in erster Linie mit anderen Müttern. Sie verursachten einen störenden Lärmpegel und waren für den Ablauf eher hinderlich als nützlich. Dann gab es jedoch auch Mütter – und ebenso einige Väter! –, die sich liebevoll mit ihren Kindern befassten, mit ihnen Federn betrachteten, besprachen, wo diese herstammen könnten, der Referentin zuhörten, an den Spielen Anteil nahmen und begeistert beim Basteln des Traumfängers assistierten.

Nach dem Workshop setzten wir Lehrkräfte uns noch zusammen und redeten über die soeben gemachte Erfahrung. Wir waren uns alle einig: Die Kinder, die einfach sich selbst überlassen worden waren, die also wenig oder gar keine Aufmerksamkeit von ihren Müttern bekommen hatten, kannten wir als schwieriger, verhaltensgestörter und mit mehr Lernproblemen als diejenigen, die an ihren Eltern Partner für gemeinsames Tun und Erleben gehabt hatten.

Nun ist das eine singuläre Beobachtung, die sicher nicht den Rang einer wissenschaftlichen Untersuchung beanspruchen kann. Andererseits müssen wir uns gerade bei einem so komplexen Geschehen, wie es die Erziehung von Kindern darstellt, auf unsere gezielte, genaue und möglichst objektive Beobachtung mindestens ebenso verlassen, wie auf Ergebnisse wissenschaftlicher Untersuchungen.

Denn, wie der russische Neuropsychologe Alexander Lurija[1] sinngemäß sagt: Komplexe Systeme können nicht *quantitativ* gemessen, sie müssen *qualitativ* bewertet und beurteilt werden.

Und da zumindest eines unbestritten ist, nämlich, dass wir Menschen mit unseren 85 Billionen Körperzellen ein höchst komplexes System darstellen mit einer einzigartigen Individualität, sollten wir uns bei unseren pädagogischen Maßnahmen in erster Linie von der qualitativen Beobachtung und Beurteilung unserer Schüler (oder Kinder) leiten lassen.[2]

Wie auch immer: Es ist für Kinder von nicht zu unterschätzender Bedeutung, sich selbst als wichtig, wertvoll und interessant zu erleben.

Das manifestiert sich nicht nur darin, dass ihre Eltern am Umgang mit ihnen Freude haben und sich gerne mit ihnen beschäftigen.

Sie bekommen auch Körperkontakt und emotionale Zuwendung.

Es werden ihnen Grenzen gesetzt und sie werden gefordert, ohne überfordert zu werden.

Ihre Leistungen werden zur Kenntnis genommen und gewürdigt.

Erleben Kinder sich als unbedeutend, hilflos, uninteressant oder zu wenig geschätzt und gewürdigt, beeinträchtigt das ihre geistige und emotionale Entwicklung.

So kann es eigentlich nicht verwundern, dass ihre glücklicheren Altersgenossen ihnen einiges voraus haben.

---

[1] Alexander R. Lurija, Romatische Wissenschaft, Reinbek, Rowohlt Taschenbuch Verlag, 1993
[2] Christina Buchner, Brain-Gym und Co, kinderleicht ans Kind gebracht, Freiburg, VAK Verlags GmbH, 1997

Eltern im Spannungsfeld eigener Wünsche, gesellschaftlicher Anforderungen und verschiedener Ratgeber

Es ist heute schwieriger als früher, Kinder zu erziehen. Eindeutige, von „der Gesellschaft" allgemein akzeptierte Normen fehlen. Die eigentlich positive Absicht vieler Eltern, Erziehungsmaßnahmen kritisch zu reflektieren und zu hinterfragen, führt oft dazu, dass der eigenen Intuition nicht mehr genügend vertraut wird. Das wiederum hat Verunsicherung und eine vermehrte Abhängigkeit von fachlich mehr oder weniger qualifizierten Ratschlägen zur Folge.

So gefährden Eltern aus bester Absicht heraus oft eine gedeihliche und gesunde Entwicklung ihrer Kinder, indem sie diese voller Angst, etwas zu versäumen, bereits in der Vorschulzeit mit Kursen und Freizeitangeboten heillos überfordern.

Ein Beispiel dafür bietet der Umgang mit dem Computer: Schulen für Compu-Kids schießen wie die Pilze aus dem Boden. Bereits Vierjährige werden hier „vermarktet".

Viele Eltern haben Angst, ihre Kinder könnten hinter den Altersgenossen zurückbleiben, wenn sie nicht frühzeitig mit diesem unbestritten wichtigen Medium Bekanntschaft machten.

Die Angst vieler Eltern, ihre Kinder könnten benachteiligt sein, ist durchaus berechtigt.

Benachteiligung entsteht allerdings nicht durch fehlende Tennis- und Reitstunden, durch nicht besuchte Englisch- und Computerkurse, sondern einzig und allein durch eine mangelnde altersgemäße Entwicklung, die nicht genügend Zeit und Raum beanspruchen darf, damit das Kind in seinem individuellen Tempo, in Ruhe und mit Selbstbewusstsein alle für später nötigen Grundlagen erwerben kann.

Wer kennt sie nicht, diese frühreifen Kids, die gelangweilt altkluge Sprüche vom Stapel lassen, die sich aber keinen einfachen Kinderreim merken können, die nicht in der Lage sind, eine zusammenhängende Geschichte zu erzählen oder einfache Arbeitsanweisungen zu verstehen?

Bedauernswert finde ich auch die kleinen Tennisspieler und Reiter, die keinen „gewöhnlichen" Ball prellen oder fangen können, die es nicht schaffen, auf einem Bein zu stehen oder zu hüpfen und die sich sofort langweilen, wenn sie sich einmal selbst beschäftigen sollen.

Bei einem Vortrag, den ich vor einiger Zeit hörte, wurde eine Untersuchung von Peter Struck über Elterngruppen in Deutschland zitiert.

Nach dieser Untersuchung gibt es folgende Gruppierungen:

- 15 % der Eltern sehen ihr Kind in erster Linie als Störenfried: Es ist zu wenig klug oder in anderer Hinsicht nicht so, wie die Eltern es sich wünschen.
  Solche Eltern machen zwangsläufig fast alles falsch.
- Weitere 15 % der Eltern verplanen ihre Kinder mit allen möglichen Kursen und Zukunftswünschen. Hier fungiert die Mutter als Koordinatorin der Termine und als Chauffeuse. Diese Eltern überfordern ihre Kinder permanent und vermitteln ihnen ständige Versagenserlebnisse.
- Ca. 60 % der Eltern lieben ihre Kinder, sind aber erzieherisch hilflos. Sie sind offen für Ratschläge und machen zufällig bestimmte Sachen richtig, andere hingegen genauso zufällig wieder falsch. Sie sind inkonsequent, durch jede Information verunsichert, fallen von einem Extrem ins andere und bewegen sich in einem erzieherischen Teufelskreis.
- Nur 10 % der Eltern machen das meiste richtig.
  Ihre Kinder haben genügend Bewegung, Zeit zum Spielen, bekommen Körperkontakt und Liebe. Die Eltern haben Zeit für ihr Kind, es findet an ihnen einen Ansprech- und Gesprächspartner. Die Konsum- und Terminplanung wird sinn- und maßvoll betrieben. Diese Eltern sind keine Raben-, aber auch keine Übereltern.

Ich bin der Überzeugung, dass alle Eltern gute Eltern sein wollen.

Das ist heutzutage nicht ganz einfach, es ist aber auch wieder nicht so schwierig, wie es den Anschein hat.

Wenn wir empfänglich dafür sind, bekommen wir über das Verhalten unserer Kinder viele Hinweise, die uns helfen, unsere Erziehungsmaximen zu überdenken und vielleicht auch neu auszurichten.

Kinder wehren sich auf ihre Weise gegen Überforderung, Verplanung, Mangel an Zuwendung und ein Zuviel an Verwöhnung.

Sie artikulieren zwar nicht, was ihnen fehlt, aber sie zeigen es uns.

Wie es möglich ist, Kinder von klein auf sinnvoll zu fördern, habe ich an anderer Stelle bereits ausführlich beschrieben.[3]

In diesem Buch geht es mir darum, Eltern für die Botschaften, die Kinder durch ihr Verhalten unbewusst übermitteln, zu sensibilisieren.

Wir gehen besser und geschickter mit unseren Kindern um, wenn wir begreifen, warum sie sich manchmal so benehmen, wie wir es entweder nicht erwarten oder auf Anhieb auch gar nicht verstehen.

Es gibt zwar keinen Übersetzungscodex, der uns eindeutige Zuordnungen ermöglicht, wie:

Frechsein bedeutet dies und Ungehorsam jenes.

Trotzdem können wir manches besser einordnen, verstehen und damit auch akzeptieren, wenn uns bewusst ist, dass gerade unbequemes und störendes Verhalten einen Sinn hat und eine verschlüsselte Botschaft an die Erwachsenen beinhaltet.

Es ist auch gar nicht so schwierig, hinter deren Bedeutung zu kommen, wenn wir unsere Kinder interessant finden und sie für uns wichtig genug sind, uns auch gedanklich mit ihnen zu beschäftigen.

Und genau das ist oft die zentrale Botschaft, die Kinder uns zukommen lassen:

---

[3] Christina Buchner, Kluge Kinder fallen nicht vom Himmel. Was Eltern alles tun können, Freiburg, Verlag Herder 1997

Ich will für dich wichtig sein!

Es gibt auch noch andere Inhalte, die uns – wenn auch in zunächst unverständlicher „Verpackung" – gesendet werden.

Die häufigsten Themen sind meiner Erfahrung nach:

Ich habe Angst.

Ich will für dich wichtig sein.

Ich möchte spüren, dass du mich liebst.

Ich möchte starke Eltern, die mich beschützen können.

Ich möchte gebraucht werden.

Ich möchte Freunde haben.

Ich möchte dir vertrauen können!

Ich möchte tüchtig sein und viel können.

Ich halte mich für dumm.

In den folgenden Fallgeschichten soll gezeigt werden, was hinter verschiedenen Verhaltensweisen stecken kann.

Dabei wird auch eines klar: Nicht immer verbirgt sich hinter Schwierigkeiten, die Kinder machen, die Reaktion auf „falsche" Erziehungsmethoden. Gerade Angst und Unsicherheit können ihre Ursachen in Problemen haben, die im Zusammenhang mit Schwangerschaft und Geburt oder mit Krankheiten in der Säuglingszeit aufgetreten sind.

Ist Martin wirklich ein brutaler Schläger?

Als Martin eingeschult wird, fällt er mir sofort auf durch einen besonders schlaffen Muskeltonus. Er ist größer und kräftiger als seine Mitschüler, wirkt aber durch seinen schlurfenden Gang und seine gebückte Haltung eher kraftlos. Er spricht mit wenig modulierter und sehr leiser Stimme und schaut mich nicht an, wenn ich mit ihm rede.

Von der Kindergärtnerin weiß ich, dass es mit ihm öfter Probleme gab, weil er sehr schnell körperlich aggressiv wurde.

Im Unterricht überrascht mich Martin. Ich hätte nicht erwartet, dass er von allem, was es zu lernen gibt, derart begeistert ist. Er beschäftigt sich von Anfang an in den Freiarbeitszeiten, ohne dass ich mich eigens um ihn kümmern müsste. Wenn wir im Unterricht etwas besprechen, an der Tafel gemeinsam arbeiten, ist er geradezu mit Feuereifer dabei. Dann belebt sich seine Stimme, er sieht mich an und richtet auch seinen Rücken auf.

Das ist die eine Seite von Martin. Mit der anderen Seite werde ich sehr bald konfrontiert.

Eines Morgens vor dem Unterricht höre ich Geschrei aus der Garderobe. Als ich komme, sehe ich den weinenden Stefan und Martin, der – wieder mit seiner unmodulierten, monotonen Stimme – sagt: „Er hat mich nicht in Ruhe gelassen!" Dabei macht er auf mich weniger einen aggressiven, als vielmehr einen verstörten Eindruck.

Vorfälle wie dieser sind in der nächsten Zeit häufig: Beim Anstellen, an der Garderobe, im Klassenzimmer.

Mir fällt auf, dass Martin immer dann „ausrastet", wenn er mit anderen Kindern auf relativ engem Raum zusammen ist.

Er behauptet dann immer, andere hätten ihn nicht in Ruhe gelassen, geschubst oder sonstwie gestört.

Es muss den Berichten anderer Kinder zufolge auch an der Bushaltestelle immer wieder Ärger mit Martin geben. Ich bin zunächst ratlos, denn ich habe nicht den Eindruck, dass Martin einfach „nur" aggressiv ist. Ich habe das Gefühl, da steckt mehr dahinter.

Die entscheidende Erkenntnis kommt mir bald darauf in der Turnstunde. Die Kinder sollen an der einen Seite der Sprossenwand hoch- und an der anderen Seite wieder herunterklettern.

Als Martin an der Reihe ist, gerät er förmlich in Panik: Seine Oberlippe wird feucht, er bekommt einen starren Blick und sagt: „Das mach ich nicht, das ist mir zu blöd!"

Da wird mir blitzartig klar: Dieser große, kräftige Bub, der anderen so oft Angst einjagt, ist selber von Angst buchstäblich geschüttelt.

Vor der Sprossenwand zeigt er das Symptom, das in der Fachsprache „Schwerkraftunsicherheit" genannt wird. Kinder mit diesem Symptom haben Angst, den Boden unter den Füßen zu verlieren und wagen es nicht, auf irgendetwas, sei es auch noch so niedrig, hinaufzuklettern.

Das bestätigt sich kurze Zeit später, als die Kinder – wieder in der Turnstunde – über eine Langbank laufen sollen. Auch das verweigert Martin.

Aber zurück zur Sprossenwand. Da ich seine Angst sehe, reagiere ich richtig. Ich sage zu ihm: „Das ist ja prima, dass du hier unten stehen bleibst. Da kannst du aufpassen, ob einer abrutscht, und ihn dann gleich auffangen. Dafür brauche ich genau so einen großen und kräftigen Buben wie dich."

Martin ist mit dieser Lösung hoch zufrieden. Nicht nur, dass er sein Gesicht wahren konnte und nicht als Feigling „geoutet" wurde, hat er auch noch eine besonders wichtige Aufgabe übertragen bekommen: Er muss aufpassen, dass den anderen nichts passiert.

Nach diesem Erlebnis in der Turnstunde beobachte ich Martin gezielt in den kritischen Situationen, in denen er schnell einmal um sich schlägt. Das passiert immer dann, wenn es besonders eng hergeht, soviel habe ich schon bemerkt. Was mir nun auffällt, ist, dass dieses Um-sich-Schlagen genauso panisch wirkt wie in der Turnstunde seine Weigerung, auf die Sprossenwand zu klettern. Auch hier kommt mir die Erkenntnis: Martin ärgert sich nicht über die anderen, er gerät in Panik und hat Angst, wenn ihm jemand zu nahe kommt. Auch dafür gibt es einen Fachausdruck: Er hat eine übertriebene taktile Abwehr.

Im Klartext: Unvorhergesehene Berührungen kann er nicht ertragen.

So haben seine aggressiven Ausfälle meiner Ansicht nach immer mit seiner Angst zu tun, die sich in verschiedenen Gesichtern zeigt.

Wie kann Martin geholfen werden?

Ich bitte beide Eltern zu einem Gespräch in die Schule, weil ich eine Strategie entwerfen möchte, Martin zu helfen.

Der Vater weist äußerlich eine starke Ähnlichkeit mit seinem Sohn auf. Seine Haltung und sein Auftreten lassen erkennen, dass er sich in seiner Haut momentan nicht so sehr wohl fühlt.

Beim Hinsetzen demonstriert er Distanz: Er lehnt sich ganz nach hinten, hat auch den Stuhl etwas vom Tisch abgerückt, die Arme vor der Brust verschränkt und die Beine nach vorn ausgestreckt.

Anders die Mutter: Sie findet sich offenbar in dieser Situation besser zurecht.

Wahrscheinlich hat sie auch zu Martins Kindergartenzeit schon einige derartige Gespräche über das Fehlverhalten ihres Sohnes geführt.

Und genau das ist es, was beide Eltern zu erwarten scheinen: Eine Auflistung von Martins „Übeltaten".

Gerade bei Elterngesprächen über schwierige Kinder ist es sehr wichtig, erst einmal Zugang zu den Eltern zu finden, sie zum Zuhören zu bringen und ihr Vertrauen zu gewinnen, damit sie sich öffnen können für konstruktive Lösungsversuche.

Dass das nicht gelingen kann, wenn nur schlecht über das Kind geredet wird, leuchtet ein.

Ob Eltern nun die Aufgabe der Kindererziehung besser oder schlechter bewältigen: Es dient der Sache auf keinen Fall, ihnen nur das Gefühl des Versagt-Habens zu vermitteln.

Damit Fachleute allerdings auch über schwierige Kinder positiv und mit der nötigen Objektivität sprechen können, muss es ihnen zuerst gelingen, kindliches Fehlverhalten nicht als Zeichen von Bosheit oder Schlechtigkeit zu sehen, sondern als codierten Hilferuf, der von den Erwachsenen entschlüsselt werden muss.

Bei Martin schien mir die Sache nun, da ich ihn intensiv beobachtet und auch einen Sinn hinter seinen aggressiven Ausfällen gefunden hatte, einfach.

So erzähle ich den Eltern zuerst einmal von seinem erstaunlichen und beeindruckenden Eifer beim Lernen. Ich berichte von seiner Wissbegier, seiner Ausdauer beim Arbeiten und seinem immer wachen Interesse an allem, was wir gerade behandeln. Als ich seinen intelligenten Sohn so positiv schildere, löst sich der Vater langsam aus seiner abwehrenden Haltung. Er taucht buchstäblich aus der Deckung auf, setzt sich gerade hin, rutscht im Laufe des Gesprächs näher an den Tisch und nimmt sichtlich Anteil. Er beteiligt sich auch aktiv an der Unterhaltung, indem er erzählt, dass Martin ihm beim Heimwerken in seiner Werkstatt öfter Gesellschaft leiste, ihm bei diesen Gelegenheiten gerne helfe und sich einfach für alles interessiere.

Als ich danach beginne, von Martins auffallender Angst zu sprechen, ist besonders der Vater zunächst geradezu verblüfft.

Er hat wahrscheinlich alles erwartet, nur das nicht.

Doch nun schaltet sich die Mutter ein.

Sie hat sofort eine Verbindung hergestellt zu den Asthmaanfällen, die Martins frühe Kindheit begleitet haben.

Inzwischen ist das zwar wesentlich besser geworden, aber

damals hatte er oft schlimme und sicher traumatisierende Erstickungsanfälle.

Der Mutter leuchtet es sofort ein, dass diese Angst, die er damals sicher ausgestanden hat, nicht spurlos verschwunden sei, sondern sich jetzt in einem anderen Zusammenhang zeige.

Vor dem Hintergrund der Angstbesetztheit erscheint ihr Martins Verhalten, das sie manchmal als widersprüchlich empfunden hat, eigentlich ganz logisch.

Zu dieser Interpretation passt auch der liebevolle Umgang, den er mit seiner kleinen Schwester pflegt: Ihr gegenüber ist er ausgesprochen fürsorglich und rücksichtsvoll.

Das Gleiche habe ich auch in der Schule öfter beobachten können: Martin hilft gerne schwächeren Schülern und zeigt sich dabei einfühlsam und geduldig.

Wir haben also ein Erklärungsmodell gefunden, das es uns ermöglicht, Martin besser zu verstehen und ihm daher eher gerecht zu werden, als wenn wir nur das Negative an seinem Fehlverhalten zur Kenntnis genommen hätten.

Ob nun unser Erklärungsmodell vollständig ist, spielt eine untergeordnete Rolle. Wir sind auf der richtigen Spur, und das zählt.

Konkrete Maßnahmen werden eingeleitet

Den ersten Schritt haben wir also gemacht: Wir haben im Gespräch eine gemeinsame Basis geschaffen und sind Verbündete geworden.

Nun gilt es, einen Weg zu finden, um Martin aus seinen eingefahrenen Verhaltensmustern herauszuhelfen.

Beim Umgang mit aggressiven Kindern ist es sehr wichtig, ihnen eine Chance zu lassen, trotz ihres Fehlverhaltens „gut" zu sein. Ich habe noch kein Kind erlebt, dem es gleichgültig gewesen wäre, ob es „gut" oder „schlecht" ist. Diese Abgebrühtheit wird im Regelfall erst bei Jugendlichen – also nach der Pubertät – beobachtet und selbst da ist sie meiner Überzeugung nach in den meisten Fällen nur aufgesetzt.

Kinder wollen sich als gut und wertvoll erleben. Deshalb ist es verhängnisvoll, nur zu moralisieren und zu verurteilen. Sicher können wir es nicht gutheißen, wenn einem ahnungslosen Mitschüler an der Garderobe plötzlich ein kräftiger Faustschlag versetzt wird, weil er einem anderen beim Umziehen nach dessen Meinung zu nahe kam.

Wir können aber dem Übeltäter helfen, sein eigenes Verhalten erst einmal zu verstehen. Nur wenn er sich nicht von vornherein verurteilt und abgestempelt fühlt, kann er aktiv dazu beitragen, seine eigenen Zwänge zu durchbrechen und „Sicherheitsventile" einzubauen.

In Martins Fall besprechen wir die Garderobenthematik mit der Klasse. Dabei liefere ich folgende Erklärung:

„Ihr habt ja schon öfter bemerkt, dass Martin an der Garderobe oder wenn wir uns zum Turnen anstellen sehr schnell einmal zuhaut. Was glaubt ihr: Tut der Martin das, weil er böse ist?"

Die Kinder sind sich einig: „Nein, natürlich nicht!"

Tobi meint: „Der wird einfach so schnell narrisch!"

Und Maria ergänzt: „Ja, aber dann tut's ihm auch schnell wieder Leid!"

Hier kann ich gleich einhaken: „Ja, es tut ihm oft Leid! Stimmt's, Martin?"

Martin nickt.

Ich erkläre weiter: „Jetzt könnte man sagen: Ja, warum haut er denn dann erst zu, wenn's ihm hinterher wieder Leid tut? Aber das ist eigentlich klar: Martin macht das ja gar nicht mit Absicht! Es rutscht ihm einfach so raus. Stimmt's, Martin?"

Martin nickt.

„Ja, seht ihr, und das passiert immer dann, wenn plötzlich jemand zu nahe bei ihm ist, dann kriegt er momentan eine richtige Panik, und dann haut er erst einmal zu und schaut erst hinterher, was überhaupt los war. Stimmt's, Martin?"

Martin nickt.

„Und deshalb müssen wir jetzt alle zusammen überlegen, wie wir dem Martin helfen können, dass er nicht mehr so oft in Panik geraten muss. Habt ihr eine Idee, was wir machen könnten?"

Sofort kommen Vorschläge, die fast alle auf das Gleiche hinauslaufen: Martin soll mit dem Umziehen warten, bis die anderen Kinder fertig sind, dann hat er an der Garderobe genügend Platz.

Ich finde, dass das grundsätzlich eine gute Idee ist. Nur, wenn Martin an der Garderobe immer allein ist, dann gewöhnt er sich ja nie daran, dass er sich auch einmal einen Platz mit anderen teilen muss. Wie könnte er das denn lernen?

Jürgen weiß es: Da soll er erst einmal nur mit einem Kind an der Garderobe sein und dann mit noch einem und immer so weiter, bis er es kann.

Das ist wirklich vernünftig. Wir beschließen also, natürlich zusammen mit Martin und nicht über ihn hinweg, dass er am Morgen, wenn alle Kinder gleichzeitig vom Schulbus kommen, zuerst einmal in die Klasse gehen und seine Schulsachen auspacken und herrichten soll. Erst wenn die Garderobe leer ist, soll er sich umziehen.

Bevor wir in die Pause gehen und bei Schulschluss soll er einige Minuten vor den anderen in die Garderobe zum Umziehen gehen. Dabei soll ihn zunächst einmal nur ein Kind begleiten, einige Tage darauf soll er dann mit zwei Mitschülern zum Umziehen gehen usw.

Das machen wir und stellen fest, dass es gar nicht schwer zu organisieren ist und dass es Martin sichtlich hilft. Im Abstand von einigen Tagen reden wir immer wieder kurz darüber, welche Fortschritte er schon gemacht hat und wie er sich nun fühlt.

Nach zwei Wochen versuchen wir es bereits, Martin zusammen mit allen Mitschülern zum Umziehen für die Pause und nach der Schule zu schicken. Da jetzt alle sensibilisiert für seine besonderen Schwierigkeiten sind, gehen sie geduldiger und verständnisvoller mit ihm um. Das macht es ihm wiederum leichter, sich richtig zu verhalten.

Bald darf Martin sich auch am Morgen wieder gemeinsam

mit seinen Mitschülern umziehen. In der ersten Zeit stelle ich mich noch solange an die Garderobe, bis er fertig ist.

Doch bald ist auch das nicht mehr nötig.

Nach wie vor bereden wir in kurzen Abständen in der Klasse immer wieder, wie es mit Martin „läuft". Das ist meist mit einigen wenigen Sätzen abgetan. Es gibt Martin aber das Gefühl, dass sein Verhalten zur Kenntnis genommen und gewürdigt wird.

Der Mutter schreibe ich in der ersten Zeit unserer gezielten Maßnahmen täglich eine kurze Notiz in das Hausaufgabenheft. Ich teile nur mit, ob es einen Zwischenfall gegeben hat oder nicht. Ebenso schreibt die Mutter mir Mitteilungen ins Heft, wenn sie sieht, dass ihr Sohn an der Schulbushaltestelle – die sich direkt vor dem Haus der Familie befindet – in eine Rauferei verwickelt ist.

So findet Martin bei seinen Besserungsversuchen Unterstützung für seine Leistung:

- Seine abnehmende Aggressivität wird von den Klassenkameraden gewürdigt.
- Die Lehrerin stellt jede Besserung, die bei ihm zu beobachten ist, auch wirklich fest und zeigt ihm ihre Anerkennung.
- Seine Eltern erfahren es, wenn er sich in der Schule Mühe gibt mit seinem Verhalten.

Weitere Unterstützungsmaßnahmen für Martin

Für Martin ist es durch unseren „Therapieplan" machbar geworden, sich in Situationen, die ihm in der Schule täglich begegnen, sozial verträglich zu verhalten. Darauf kann er sich gedanklich einstellen, er weiß, was ihn erwartet. Mir liegt jedoch daran, ihm zu helfen, auch in unvorhergesehenen Situationen angemessen zu reagieren.

Dafür bieten sich mir im schulischen Rahmen vor allem zwei Handlungsbereiche an:

- gemeinsames Tanzen;
- Spiele in der Gruppe, bei denen Körperkontakt manchmal unvermeidlich ist.

Zum Tanzen

In vielfacher Hinsicht ist Tanzen für Kinder förderlich.[4]

In Hinblick auf die besondere Problematik von Martin sind mir zwei Aspekte besonders wichtig:

- Er bewegt sich beim Tanzen gemeinsam mit anderen nach bestimmten Regeln. Sein Hauptaugenmerk muss er dabei zwangsläufig auf das Einhalten dieser Regeln richten. So kann er sich nicht mehr – wie an der Garderobe – gedanklich in erster Linie darauf einstellen, die Nähe anderer zu ertragen. Er muss diese Nähe „ganz nebenbei" einfach hinnehmen. Sie ist sozusagen der Hintergrund, vor dem sich die Handlung im Vordergrund – das korrekte Einhalten der Tanzschritte – abspielt.
- Bei flotten, lebhaften Tänzen geht alles wesentlich schneller, auch Berührungskontakte haben hier mehr den Charakter des Plötzlichen, Unvorhersehbaren. Martins Berührungstoleranz wird dabei noch stärker auf die Probe gestellt. Trotzdem bildet jeder Tanz auch für unvermutete Körperkontakte einen festen Bezugsrahmen. Ein temperamentvoller Seitengalopp durch eine Doppelreihe wird bei aller Dynamik nach einer Regel ausgeführt: er geht über eine bestimmte Strecke, an deren Ende die Tänzer in der Bewegung innehalten müssen, um sich wieder in die Tanzreihe einzufügen.

---

[4] Christina Buchner, Kluge Kinder fallen nicht vom Himmel, Freiburg, Verlag Herder, 1997

Zu Gruppenspielen

Auch hier gelten zwar Regeln. Anders als beim Tanzen haben Spiele aber nicht mehr eine bestimmte Formation in der Bewegung. Jemand, der soeben noch neben mir lief, kann plötzlich woanders sein, während ich mich neben einem neuen Nachbarn sehe. Lebhafte Gruppenspiele verlangen deshalb ein noch höheres Maß an Berührungstoleranz als lebhafte Tänze.

Sie stellen deshalb für Martin auch eine noch größere Herausforderung dar.

Wir machen also gezielt und regelmäßig gemeinsame Spiele und lernen einige Gruppentänze.

Ich erinnere die Kinder immer wieder daran, wie wichtig, aber auch schwierig, es für Martin sei, sich dabei in die Gruppe zu integrieren. Dieser Hinweis genügt, um die guten Vorsätze auf beiden Seiten zu aktivieren.

Wir haben alle viel Spaß beim Tanzen und Spielen und profitieren auch alle davon.

Eine weitere Möglichkeit der Förderung ergibt sich gerade in Martins besonderem Fall:

Da er so selbständig und begeistert lernt und arbeitet, setze ich ihn in den Freiarbeitsphasen als „coach" für schwächere Schüler ein. Diese Situationen bilden wieder einen anderen Hintergrund für soziale Kontakte. Martin kann dabei das einbringen, was ihm ohnehin leicht fällt:

Fürsorglichkeit, Umsicht, Verantwortungsbewusstsein. Er bekommt im Laufe der Zeit Gelegenheit, mit unterschiedlichen Mitschülern einzeln zu arbeiten.

So festigt sich sein Platz in der Gruppe und er wird ein „ehrengeachtetes" Mitglied der Klassengemeinschaft.

Resümee

Die gemeinsamen Bemühungen von Elternhaus und Schule fruchteten bei Martin zusehends. Im Verlauf einiger Monate schaffte er es, seine Reaktionen so unter Kontrolle zu bringen, dass er in der Gruppe tragbar war.

Das klingt nun so, als wäre seine ganze Symptomatik einfach „weggezaubert" worden. Das war allerdings nicht der Fall. Das tieferliegende Problem – Martins Angstbesetztheit – konnten wir durch diese Maßnahmen sicher nicht beseitigen. Dennoch hatten wir viel erreicht:

- Wir konnten verhindern, dass sich – basierend auf diesem ursprünglichen Symptom – Sekundärsymptome bildeten.
- Wir hatten Martin vermittelt, dass er nicht böse ist, wenn er sich zu einer körperlichen Aggression hinreißen lässt.
- Wir hatten ihm geholfen, sich selbst besser zu verstehen. Gerade Kinder, die in ihrem Verhalten entgleisen, sind selbst manchmal ganz fassungslos darüber, wie es ihnen passieren konnte, so frech oder aggressiv zu sein.
- Wir hatten ihm, da wir sein Verhalten nicht negativ bewerteten, geholfen, sich selbst zu akzeptieren und sein Selbstwertgefühl zu entwickeln.
- Wir hatten ihm Strategien aufgezeigt, wie er sich selbst besser in den Griff bekommen konnte.
- Wir hatten über gezieltes Training erreicht, dass er seine neuen Verhaltensmuster auch in konkreten Situationen anwenden konnte.

Wären wir – wie es bei der Reaktion auf aggressive Kinder ja meist geschieht – von einer Bewertung des Verhaltens und nicht von einer Suche nach den Ursachen ausgegangen, hätten wir mit Sicherheit alles nur viel schlimmer gemacht.

Martin wusste selbst sehr gut, dass es nicht richtig ist, sofort zuzuschlagen und sicher hatte er deswegen auch Schuldgefühle. Ihm seine vermeintliche Schlechtigkeit vor Augen zu führen und dann an ihn zu appellieren, er solle sich ändern, wäre nicht nur völlig zwecklos gewesen. Es ist ausgesprochen grausam, Kinder, die uns durch ihr Verhalten signalisieren, dass sie unsere Hilfe brauchen, mit ihren Problemen allein zu lassen.

Was hier Not tut, ist zunächst einmal gründliche Reflexion und nicht leichtfertige Aburteilung.

Wir müssen uns natürlich – und das ist bei Lehrern und Eltern der springende Punkt – genügend für unsere Kinder interessieren, um uns die Mühe dieses Nachdenkens zu machen.

Es ist leicht, negatives Verhalten einfach negativ zu bewerten.

Doch dann bleibt man am Symptom und hat keine Chancen auf wirkliche Veränderung.

Wenn jemand wegen seiner ungesunden Lebensweise einen Herzinfarkt bekommt, dann kann ihm die moderne Medizin vielleicht das Leben retten.

Wenn er aber dann nichts gegen Übergewicht, Bluthochdruck, Bewegungsmangel und zu hohen Cholesterinspiegel unternimmt und vielleicht auch noch munter raucht, wird ein zweiter Infarkt wahrscheinlich nicht ausbleiben.

Genauso ist es mit „schwierigen" Kindern: Wir können unerwünschtes Verhalten im Einzelfall durch eine Intervention beenden. Wir können ein Kind dafür bestrafen. Wir können ihm erklären, warum dieses Verhalten nicht tragbar ist. Aber das wird nicht dazu beitragen, eine grundlegende Verhaltensänderung herbeizuführen.

Um das zu erreichen, müssen wir erst einmal die Bedeutung dieses Verhaltens verstehen, gleichsam den Code „knacken", und dann auf die wirkliche Botschaft des Kindes reagieren.

Natürlich sollen wir ihm auch zu verstehen geben, dass störendes Verhalten nicht richtig ist. Unser Hauptaugenmerk wird aber auf dem eigentlichen Problem liegen und nicht darauf, wie es nach außen abreagiert wird. Das macht einen gewaltigen Unterschied und ist der entscheidende Punkt, warum manche Erzieher mit ihren Maßnahmen scheitern und andere erfolgreich sind.

Die faule Susi

Bei Susi und Oliver liegen die Probleme für den Betrachter zunächst ganz anders als bei Martin. Und dennoch sind auch gewisse Gemeinsamkeiten vorhanden.

Zuerst einmal zu Susi:

Bei der Einschulung fällt sie mir deshalb auf, weil sie ganz besonders hübsch ist: Ein kleines Mädchen wie aus dem Bilderbuch, mit dunklen, fast schwarzen Zöpfen, großen braunen Augen, braungebrannt, in einem reizenden Rüschenkleid.

Was mir noch auffällt, ist, dass sie mich nicht anschaut, als ich mit ihr rede und dass sie mit sehr leiser Stimme – fast wie zu sich selbst – spricht.

Das halte ich für Koketterie, wie sie manchen kleinen Mädchen durchaus zu Eigen ist. In den ersten Schulwochen merke ich aber, dass die Sache leider so einfach nicht ist. Susi beteiligt sich kaum am Unterricht, ist geistig sehr oft abwesend und schaut dann mit leerem Blick vor sich hin, als nehme sie ihr Umfeld gar nicht wahr.

„Sie ist eben noch sehr verträumt", kann man in solchen Fällen oft von Lehrern oder Eltern hören, die sich nicht die Mühe machen, kindliches Verhalten genauer zu reflektieren.

Verträumt-Sein – das kann bestenfalls als Etikettierung, aber nicht als Erklärung gelten. Was kann sich dahinter verbergen? Zunächst einmal die Flucht aus der Wirklichkeit. Und daraus ergibt sich auch schon die nächste Frage: Was ist an der Wirklichkeit so schwer zu ertragen, dass ein Kind es vorzieht, die Realität gegen eine Phantasiewelt einzutauschen?

Dass Susi hauptsächlich in einer solchen lebt, wird im

Laufe des ersten Schuljahres immer deutlicher. Sie ist für Lernen und schulische Leistung nicht zu haben.

Lediglich in zwei Bereichen macht sie mit:

Beim Sport und beim Zeichnen.

Richtig aktiv wirkt sie allerdings nur beim Sport.

Wenn wir zeichnen, ist sie geradezu entrückt. Sie taucht ab in ihre Traumwelt, malt wunderschöne Bilder mit zahlreichen Details und geht darin völlig auf.

Auch in den Freiarbeitsphasen sucht sie sich nur Arbeiten, zu denen gemalt werden soll. Gerade zu Beginn des ersten Schuljahres gibt es noch viele solcher Aufgaben. Susi verwendet dann nur ein Minimum ihrer Energie auf die eigentliche Arbeit – zum Beispiel das Ankreuzen eines Wortes, das zu einem bestimmten Bild passt. Dann beschäftigt sie sich höchst ausgiebig mit dem Ausmalen und Verzieren des Bildes: Bei einem Zeitrahmen von 30 Minuten „lernt" sie ungefähr 5 Minuten und 25 Minuten malt sie.

Es tritt das ein, was bei dieser Konstellation gar nicht ausbleiben kann: Susi macht wesentlich weniger Fortschritte als die anderen Kinder. Dabei merke ich ganz deutlich, dass sie gescheit und eigentlich auch vielseitig interessiert ist. Sie liefert – wenn sie zwischendurch „aufwacht" – oft erstaunliche Gesprächsbeiträge, die zeigen, dass sie sich artikulieren kann, dass sie so manches weiß und auch darüber nachdenkt.

Ein Gespräch mit der Mutter liefert mir die ersten konkreten Hinweise, was bei Susi „des Pudels Kern" sein könnte. Dieses Gespräch findet im November statt, ca. 6 Wochen nach Beginn des Schuljahres. Die Mutter erzählt, Susi sei mit einem Buch zum Vater gegangen und habe ihn gefragt, was denn an einer bestimmten Stelle stehe. Darauf habe ihr der zur Antwort gegeben: „Du gehst doch jetzt in die Schule. Warum kannst du das nicht selbst lesen?"

Auf meine Frage, wie denn der Vater auf die Idee käme, das sei nach 6 Wochen in der ersten Klasse schon zu erwarten, erfahre ich, Susis Schwester Corinna, die knapp ein Jahr älter ist und an unserer Schule die zweite Klasse besucht, habe das alles bereits zu Beginn der ersten Klasse gekonnt.

Sie sei überhaupt bei allem viel schneller als Susi gewesen. Das gibt mir natürlich zu denken. Ich rede mit Corinnas Lehrerin. Die schildert sie als sehr begabt, leistungsstark, flink, temperamentvoll, manchmal sogar etwas vorlaut.

Im Frühjahr veranstalten wir ein Schulfest. Susis Familie kommt. Auch der Vater – ein viel beschäftigter Tennistrainer – ist dabei und ich sehe nun „life", wie sehr Susi von der älteren Schwester an den Rand gedrängt wird. Corinna setzt sich zu den Erwachsenen an den Tisch, beteiligt sich am allgemeinen Gespräch, erzählt munter und zeigt überhaupt keine Scheu. Susi hingegen ist zunächst gar nicht zu sehen. Sie läuft mit anderen Kindern draußen herum und erscheint erst einige Zeit später am Tisch. Sie sieht mich kaum an, holt sich nur etwas zu trinken und beginnt, auf dem Boden herumzuturnen. Erst da bekommt sie etwas von der Aufmerksamkeit der Eltern. Ihre Mutter erzählt mir, sie nehme begeistert Reitunterricht und gehe auch zum Voltigieren. Als Susi sich auf die Bank kniet und ein Bein waagrecht nach hinten streckt, sagt die Mutter: „Ja, gut, jetzt noch mehr durchstrecken!" Nun beginnt auch Corinna mit dem Vorturnen: Sie klettert auf den Schoß ihres Vaters. Er hält ihre beiden Hände fest und sie macht einen Kopfstand. Das ist natürlich spektakulärer als Susis Übungen, noch dazu, wo sich jetzt der kleine Bruder neben ihr auf die Bank setzt und so ohnehin kein Platz mehr für weitere Übungen bleibt.

Eines sehe ich deutlich: Corinna scheint die Tochter zu sein, die für den Vater am interessantesten ist. Das wird mir kurze Zeit darauf auch in einem weiteren Gespräch mit der Mutter bestätigt. Sie klagt, dass sie mit jeglichen Alltagsproblemen allein gelassen werde und dass ihr Mann seine Vaterrolle in erster Linie als Spaßmacher und bei Freizeitaktivitäten erfülle. Von dem Problem mit Susis schulischen Leistungen aber distanziere er sich und helfe ihr nicht dabei, das in den Griff zu bekommen.

Da ich nun einiges über Susi weiß, sehe ich ihre Leistungsverweigerung in der Schule viel bewusster und objektiver. Das, was sie zeigt, ist weit entfernt von gewöhnlicher Faulheit oder Bequemlichkeit. Ich bin fest davon überzeugt, dass die verschlüsselte Botschaft in ihrem Verhalten heißt: Wenn ich es nicht perfekt kann, mache ich es eben gar nicht.

Und dahinter steckt wiederum der Wunsch, genauso wichtig zu sein – vor allem für den Vater! – wie ihre ältere Schwester.

Wie bedeutend und auch verhängnisvoll für Susis Biographie ihre Position in der Geschwisterreihe ist, wird auch noch durch andere Episoden deutlich.

Sie spielt gerne Theater und meldet sich beim Weihnachtsspiel in der zweiten Klasse noch für eine exponierte Rolle, die sie auch bekommt. Denn mir ist natürlich jede Gelegenheit willkommen, ihr ein wenig Rampenlicht zu verschaffen. Am Ende der zweiten Klasse spielen wir wieder ein Stück. Susi bekommt dieses Mal eine kleine Rolle, denn es wollen auch andere Kinder zum Zuge kommen. Sie macht ihre Sache sehr gut. Im darauf folgenden Jahr – Susi ist nun in der dritten Klasse – richten wir an der Schule eine Arbeitsgemeinschaft für Theater ein. Corinna meldet sich dafür, Susi nicht. Ich bin mir sicher, dass sie es nicht wagt, gemeinsam mit ihrer Schwester an einem Theaterprojekt zu arbeiten und so in eine Art Wettstreit mit ihr zu treten. Als wir wieder ein halbes Jahr später an der Schule eine Tanzgruppe gründen, meldet sie sich dafür und nimmt an der ersten Probe begeistert teil. Doch auch Corinna ist beim Tanzen mit dabei und schon bei der zweiten Probe sagt mir diese, Susi wolle nun doch nicht mehr kommen.

In der dritten Klasse sinken Susis Leistungen weiter ab und es wird klar: Der Übertritt in die vierte Klasse wird für sie nicht möglich. Ihre Lehrerin berichtet das Gleiche, was ich in den ersten beiden Schuljahren festgestellt habe: Sie wirkt durchaus begabt, bringt oft erstaunliche Beiträge, ist aber nicht in der Lage, auch nur 15 Minuten konzentriert an einer Arbeit zu bleiben. So haben sich bei ihr vor allem Defizite aufgebaut, die aus mangelnder Übung resultieren: Sie braucht viel zu lange beim Lesen. Im Rechnen fehlt ihr jede Geläufigkeit. Sie hat die Grundaufgaben nicht im Kopf und muss sich jede Addition und Subtraktion erst mühsam ableiten, wie es die Erstklässler am Anfang ihrer Rechenlaufbahn machen. Beim Rechnen in größeren Zahlenräumen, die über die Hundert hinausgehen, ist sie so gut wie hilflos. Sie beherrscht die Einmaleinsreihen nicht und hat bei Proben überhaupt keine Chance mehr, weil sie selbst das, was sie im Prinzip könnte, viel zu langsam zu Papier bringt.

Wie können wir Susi helfen?

In der dritten Klasse fallen also Susis Leistungen im Vergleich zu denen ihrer Klassenkameraden rapide ab. Zum ersten Mal in ihrer Schullaufbahn scheint sie nun selbst den ernsthaften Wunsch zu haben, ihre Defizite aufzuholen. Es gab zwar auch bisher schon immer wieder einmal kurze Phasen – meist nicht länger als eine Woche – in denen sie sich etwas mehr Mühe gab. Aber das war nie von so langer Dauer, dass sich ernst zu nehmende Fortschritte daraus ergeben hätten.

Ihre Lehrerin entwirft für Susi ein „Hilfsprogramm", das es ihr vielleicht noch ermöglichen kann, in ihren Leistungen aufzuholen, wenn … ja, wenn sie selbst will.

Zwei Voraussetzungen dafür brächte sie eigentlich mit:

Sie ist intelligent und sie hat einen ungewöhnlich starken Willen. Wenn sie diesen ihren Willen darauf richtet, ihre schulischen Leistungen zu verbessern, statt wie bisher nur darauf, allen Leistungen und Anforderungen auszuweichen, kann sie Erfolg haben.

Im Zwischenzeugnis stand der Vermerk: Vorrücken gefährdet. Das hat ihr noch einmal vor Augen geführt, dass die Lage wirklich ernst ist und sie keine Zeit mehr zu verlieren hat.

Das Hilfsprogramm für Susi besteht aus zwei Komponenten:

Sie soll jeden Nachmittag zu Hause ein gewisses Pensum dessen nacharbeiten, was sie bisher versäumt hat. Außerdem soll sie nun – anders als bisher – ihre Hausaufgaben gewissenhaft erledigen.

Sie soll einmal wöchentlich eine Therapiestunde bekommen, in der den Ursachen für ihre Leistungsverweigerung zu Leibe gerückt wird.

Alle Planungen werden dadurch erschwert, dass die Mutter häufig mit ihren Kindern allein ist, weil der Vater beruflich viel unterwegs sein muss.

So ist es für sie nicht einfach, sich nachmittags mit der nötigen Konsequenz um Susi zu kümmern. Es lässt sich jedoch eine Lösung finden: Eine allein stehende Nachbarin ist gerne bereit, sie jeden Nachmittag zu betreuen.

Nun muss sich nur noch Susi mit ihrer „Rettung" einverstanden erklären.

Wir – ich war mittlerweile von Susis Lehrerin gebeten worden, ihr Schützenhilfe zu leisten – sind uns einig, dass die ganze Aktion abgeblasen werden soll, wenn sie nicht aus eigenem Antrieb mitmachen will.

Das teilt die Lehrerin der Mutter auch mit, bevor sie sie gemeinsam mit Susi zu einem Gespräch in die Schule bittet, an dem ich als ehemalige Lehrerin auch teilnehmen soll.

Als die Mutter an diesem Nachmittag erscheint, hat sie eine weinende Tochter im Schlepptau: Susi wollte gar nicht mitkommen, wurde dann aber einfach dazu „verdonnert".

Das Muster kennen wir zur Genüge: Probleme werden durch Ignorieren oder Flucht gelöst.

Doch jetzt, wo die Probleme so schwerwiegend sind, dass sie einfach nicht mehr übersehen werden können, ist Susi in großer Bedrängnis. Sie sitzt in bekannter Manier am Tisch: regungslos, den Blick gesenkt, die Hände im Schoß.

Ich erzähle ihr von den geplanten Maßnahmen.

Ihre Lehrerin sagt ihr deutlich, dass ein Wiederholen der dritten Klasse für sie inzwischen unvermeidlich geworden sei, weil ihre Leistungen zu weit hinter denen ihrer Mitschüler liegen.

Wir erklären ihr, dass es vielleicht noch gelingen könnte, die Defizite einigermaßen aufzuholen, wenn sie sich zu täglicher und auch nicht unerheblicher Mehrarbeit entschließe und auch bereit sei, an dem grundlegenden Problem – ihrer Leistungsverweigerung – therapeutisch zu arbeiten.

Ich rechne ihr vor, wieviel Geld eine wöchentliche Therapiestunde kostet und sage ihr auch unverblümt, dass es unverantwortlich wäre, soviel zu investieren für ein Kind, das diese Hilfe gar nicht richtig nutze.

Susi reagiert zunächst gar nicht, hebt dann aber im Verlauf des Gesprächs den Kopf und lässt sich herab, auf die Frage, ob sie denn überhaupt in die vierte Klasse wolle, mit einem gehauchten „Ja" zu antworten. Das ist alles, was an diesem Nachmittag aus ihr herauszuholen ist.

Bevor wir das Gespräch beenden, sagt ihre Lehrerin ihr noch, dass sie keine Maßnahmen in die Wege leiten würde ohne ihren ausdrücklichen Wunsch. Wenn sie also die angebotene Chance nutzen wolle, müsse sie im Laufe der Woche kommen und ihr Bescheid sagen.

Das tut sie denn auch am nächsten Tag sowohl bei ihrer Lehrerin als auch bei mir.

Sie schaut uns dabei an und äußert sich mit einer für ihre Verhältnisse lauten und deutlichen Stimme. Es scheint also wirklich ihr eigener Wunsch zu sein.

Das ist an einem Donnerstag. Es soll keine Zeit verloren werden und deshalb fängt am Montag die Betreuung durch die Nachbarin an. Als Susi am nächsten Tag in die Schule kommt, wirkt sie offen und motiviert. Sie hat – so erfahren wir von der Mutter, die sie nach der Schule abholt – nicht nur alle Hausaufgaben zügig erledigt, sondern auch noch die zusätzlichen Arbeiten, die ihre Lehrerin für sie vorbereitet hat.

Bei der Erziehungsberatung wird Susi wegen der Dringlichkeit des Falles – und auf die Intervention der Schule hin – bereits für die nächste Woche ein Termin eingeräumt, den die Mutter mit ihr auch wahrnimmt. Es wird dort vereinbart, dass Susis Therapie sofort beginnen solle.

So geht das ungefähr zwei Wochen lang bestens: Susi macht ihre Hausaufgaben ordentlich. Sie fragt – so erzählt die

Nachbarin – auch nach, wenn sie Hilfe braucht, arbeitet eifrig am Aufholen von Defiziten und lässt im Unterricht bereits die ersten Fortschritte dieser regelmäßigen Arbeit erkennen:

Sie beteiligt sich aktiv beim Abfragen der Einmaleinsreihen und schafft es in den Freiarbeitsphasen, ein bescheidenes Pensum selbständig zu erledigen. Ihr Gesicht ist längst nicht mehr so verschlossen und sie spricht laut genug, um von anderen verstanden zu werden.

Wo die Macht der Schule endet

Doch wir haben uns zu früh gefreut. Das wird uns deutlich, als Susi eines Morgens – ungefähr 14 Tage nach Beginn unserer Aktion – wieder genauso erscheint, wie wir sie so gut kennen: Sie trottet mit gesenktem Kopf hinter ihrer Mutter ins Schulhaus und geht ohne ein Wort ins Klassenzimmer. Die Mutter bedeutet uns mit Zeichen, dass es heute schwierig gewesen sei, sie zum Kommen zu bewegen. Am nächsten Tag erscheint sie uns etwas lockerer, doch am Tag darauf kommt sie sogar mit Tränen. Und dann passiert das, was wir befürchtet haben: Susi weigert sich, weiterhin am Nachmittag eine geregelte Lernzeit zu absolvieren.

Wir bedauern das sehr, sehen aber nun in unserem schulischen Rahmen keine Möglichkeit mehr, weiter zu helfen.

Wir können allerdings die Entwicklung auch nicht verstehen. Einige Fragen drängen sich uns auf:

Wie kam es zu dem plötzlichen Umschwung in Susis Verhalten? Sie war doch zunächst sehr willig und motiviert bei der Sache.

Ist zu Hause irgendetwas vorgefallen, das diese Änderung bewirkt hat?

Stand die Familie wirklich hinter den von uns vorgeschlagenen Maßnahmen?

Welche Rolle spielt die große Schwester in dem ganzen Spiel?

Wir sind nun sehr hellhörig geworden und bekommen in der Folgezeit einige Hinweise auf das, was im Hintergrund ablaufen könnte.

Die Mutter erzählt in einem weiteren Gespräch, dass Susi morgens immer nicht aus dem Hause gehen wolle. Sie sagt uns auch, dass Susi am Nachmittag wohl das Gefühl gehabt habe, zu Hause etwas zu verpassen, wenn sie zum Lernen bei der Nachbarin gewesen sei.

Auf die Frage, wieso die Mutter denn das glaube, antwortet sie: „Immer, wenn die Corinna beim Mittagessen erzählt hat, was sie am Nachmittag vorhat, ist die Susi ganz nervös geworden und hat gesagt, sie will da auch mitmachen."

„Und wie reagierte Corinna dann darauf", wollen wir wissen.

„Die nimmt da natürlich keine Rücksicht", sagt die Mutter ungerührt. „Die wartet doch nicht extra, bis die Susi Zeit hat."

Vielleicht ist Corinna der Auslöser für Susis Rückfall in ihr früheres Verhalten?

Susis Lehrerin fällt eine kleine Szene ein, die sich vor einer Woche abspielte und die sie nun plötzlich im Zusammenhang mit der jüngsten Entwicklung sieht:

In Corinnas Klasse fiel an einem Tag die letzte Unterrichtsstunde aus, so dass sie bereits um zwölf Uhr statt wie sonst mit ihrer Schwester zusammen um ein Uhr nach Hause fuhr.

Bevor sie ging, klopfte Corinna an Susis Klassenzimmer, ging zu ihr hin und sagte: „Also, Susi, ich fahr' jetzt heim!" Dabei, so erzählt Susis Lehrerin, wirkte sie fast triumphierend, so, als wolle sie eigentlich sagen: „Ätsch, ich kann schon gehen und du musst noch dableiben!"

Kann es sein, dass Susi auf keinen Fall von zu Hause weg sein möchte, wenn Corinna daheim ist?

Hat sie am Ende das Gefühl, die ältere Schwester könnte ihr etwas wegnehmen? Vielleicht Liebe und Aufmerksamkeit der Mutter?

Andererseits ist sie ja zu Hause auch sehr verschlossen und macht es den anderen sicher schwer, näher an sie heranzukommen.

Das würde eigentlich genau zu ihrer Leistungsverweigerung passen. Hier könnte die versteckte Botschaft an die Eltern lauten: „Ich weiß ja, dass ihr die anderen lieber habt als mich. Da geb' ich mir gar keine Mühe, eure Aufmerksamkeit zu erringen. Ich hab' doch sowieso keinen Erfolg damit."

Lern- und Verhaltensprogramm laufen auf dasselbe hinaus: Wenn ich das nicht bekommen kann, was ich will, dann will ich eben gar nichts.

Hinter dieser Botschaft, die Susi oft in so negativem Licht erscheinen lässt, weil sie dadurch faul, abweisend, bockig und übellaunig erscheint, steckt meiner Überzeugung nach der verzweifelte Wunsch:

Bitte, habt mich doch lieb und findet mich interessant und gescheit und attraktiv!

Susis Lehrerin und ich halten es für sehr wahrscheinlich, dass sie es nicht wagt, täglich eine bestimmte Zeit von zu Hause weg zu sein und Corinna das Feld zu überlassen. Wenn sie sich auch sehr introvertiert gibt, so will sie wahrscheinlich wenigstens mit eigenen Augen sehen, was zu Hause läuft. Dazu würde auch passen, dass sie am Morgen nicht aus dem Haus will, weil ja da der kleine Bruder mit der Mutter alleine zurückbleibt und sie den ganzen Vormittag für sich hat.

Wie wir die Sache auch betrachten, alles scheint auf eine Deutung hinauszulaufen: Susi will in der Familie eine wichtige Position und hat Angst, dass ihr die Geschwister auch noch den kärglichen Anteil nehmen, den sie besitzt.

Wie sehr sie sich Aufmerksamkeit von den Eltern wünscht, wird auch nach einem Gespräch mit der Therapeutin deutlich.

In der Spieltherapie, durch projektive Tests und beim Umgang mit dem Szeno-Baukasten hat diese festgestellt, dass Susi sich nicht als Teil der Familie sehe, sondern sich selbst als außenstehend erlebe.

Die Mutter wiederum erzählt mir sehr betroffen ungefähr eine Woche, nachdem Susi die zusätzliche Nachmittagsarbeit aufgegeben hat, dass sie den Eltern zu Hause Vorwürfe gemacht habe, sie hätten für sie nie Zeit und würden sich nie um sie kümmern. Das sei das erste Mal gewesen, dass Susi irgendeinen Anspruch erhoben habe.

„Und hat sie damit Recht?", will ich wissen.

„Irgendwie schon", muss die Mutter zugeben. „Aber wissen Sie, die anderen zwei kommen eben immer, wenn sie etwas wollen, und die Susi sitzt nur da und zieht ein Gesicht. Da hat man natürlich auch keine große Lust, mit ihr besonders nett und zärtlich zu sein!"

In einem Gespräch mit beiden Eltern legen Susis Lehrerin und ich ihnen noch einmal nahe, Corinna ein wenig zu bremsen und Susi in der Familie mehr Raum zu verschaffen.

Die Geschwisterproblematik wird von den Eltern in ihrer Bedeutung jedoch nicht erkannt. Die große Schwester ist eben das „Vorzeigekind": Wortgewandt, schulisch erfolgreich und kontaktfreudig.

Susis Probleme werden eher separat betrachtet und nicht im Beziehungsgeflecht mit ihren Geschwistern. Besonders der Vater betont, dass Susi an der misslichen Situation selber schuld sei, weil sie nie an etwas Freude zeige und sich immer von den anderen zurückziehe.

So sehr wir es uns gewünscht hätten: Es ist uns nicht gelungen, Susi nachhaltig zu helfen. Während ihre Schwester auf das Gymnasium ging, musste sie die dritte Klasse wiederholen. Sie konnte zwar dann ihre schulischen Leistungen verbessern und einigermaßen stabilisieren. Die Laufbahn, die ihrer Begabung angemessen gewesen wäre, blieb ihr jedoch verwehrt.

Ich verlor sie aus den Augen, als sie in die siebte Klasse der Hauptschule kam. Zu dem Zeitpunkt war sie bereits sehr bemüht, sich so aufzumachen, dass sie älter wirkte: Sie schminkte sich auffallend, zog sich immer ganz kurze Röcke und Schuhe mit hohen Absätzen an. Mein letzter Eindruck von ihr war, dass sie wahrscheinlich die Liebe, nach der sie sich so sehnte, nun auf andere und für sie sicher nicht bekömmliche Weise suchte. Kinder wie Susi sind sehr gefährdet, sich zu früh auf Liebesbeziehungen einzulassen. Jeder Mensch braucht andere Menschen, für die gerade er besonders wichtig ist und die ihn mit allen seinen Vorzügen und Fehlern lieben. Das sollten zunächst die Eltern sein. Kinder, denen Geborgenheit, Akzeptanz und Liebe fehlen, werden später häufig anfälliger für Suchtprobleme und die Flucht in wahllose sexuelle Beziehungen.

Was hätte die Familie in Susis Fall noch tun können?

Zunächst und vor allem einmal: ihre Not und ihren verzweifelten Wunsch nach Liebe und Anerkennung ernst nehmen.

Erzieher verhalten sich einem schwierigen Kind gegenüber anders, wenn sie seine Probleme erkennen und mit wohlwollenden Augen betrachten. Das allein genügt zwar noch nicht, aber es ist oft der erste Schritt, an ein Kind überhaupt heranzukommen.

Dann hätte der Vater, der in dieser Geschichte eine Schlüsselrolle hat, mehr Notiz von dieser Tochter nehmen müssen. Gerade weil Susi sich immer gleich in ihr Schneckenhaus zurückzog, wenn die Dinge ihrer Ansicht nach nicht gut liefen, wäre es wichtig gewesen, ihr die Zuwendung, die sie so nötig brauchte, aber nicht einforderte, trotzdem zu geben. Sie besaß ja von Anfang an keine Chance, auf ihre Kosten zu kommen, weil sie auf jede Konfrontation verzichtete und durch nichts zu erkennen gab, dass sie Beachtung wollte. Das war sicher in gewisser Weise auch bequem für die Eltern: ein Kind, das man kaum spürt, das keine Ansprüche stellt. Wer könnte eine vielbeschäftigte Mutter dafür tadeln, dass sie keine Anstrengungen unternahm, dieses Kind aus der Reserve zu locken?

Nur hatte dieses für die Eltern vordergründig Bequeme seinen Preis: die Probleme blieben nicht aus. Sie kamen später, dafür aber geballt.

Eine letzte Chance für einen Neuanfang hatte Susi, als von Seiten der Schule ein Programm entworfen wurde, ihr aus der Leistungsmisere zu helfen. Hier hätte eine Wende im Verhalten der Eltern sicher Entscheidendes bewirkt. Als „Belohnung" für ihren Einsatz hätte man ihr eine eigene „Susi-Zeit" zugestehen können, in der sie einen Elternteil für sich allein haben konnte, sei es, um etwas zu unternehmen oder auch nur, um zu spielen oder vorzulesen. Es ist für alle Kinder attraktiv, wenn sie von ihren Eltern eine „Extra-Zeit" bekommen, die nur ihnen gehört.

Als meine Tochter Maxi noch im Vorschulalter war, ging sie oft zu verschiedenen Nachbarskindern zum Spielen. Bei uns zu Hause gab es damals keinen Fernseher und ich fand es aus vielen Gründen für mein Kind besser, wenn es die ersten so wichtigen Jahre seines Lebens „fernsehfrei" verbrachte. Nun konnte ich das natürlich nicht steuern, wenn sie woanders war. Ich sagte ihr aber, dass sie, wenn bei anderen Kindern ferngesehen würde, nach Hause kommen könne und versprach ihr für diesen Fall, dass ich mir dann sofort für sie Zeit nehmen und mit ihr das machen würde, was sie wolle.

Entgegen den Unkenrufen von verschiedenen Seiten, Maxi werde bestimmt jede Gelegenheit benutzen, woanders fernzusehen, wenn ich Rabenmutter ihr das daheim nicht ermöglichte, kam Maxi sehr oft nach Hause und sagte: „Die glotzen schon wieder. Das ist mir zu langweilig." Sie wusste genau, dass sie sich auf mein Versprechen verlassen konnte: Ich ließ wirklich auf der Stelle meine Arbeit liegen und beschäftigte mich mit ihr. Viele genussreiche Bastel- und Vorlesestunden verdanken wir dem Fernsehkonsum anderer Kinder.

Ich bin sicher, hätte ich Maxi mit einer Belohnung wie Süßigkeiten oder Spielzeug ködern wollen, wäre sie bestimmt nicht so gut wie immer nach Hause gekommen, statt woanders fernzusehen. Aber diese Extra-Zeit, die sie in diesen Fällen bekam, war für sie außerordentlich attraktiv.

Und genauso wäre das sicher auch bei Susi gewesen, denn

diese Art Belohnung hätte genau da angesetzt, wo sie ihr seelisches Defizit hatte: in den Bereichen Akzeptanz und Zuwendung.

Stattdessen bekam sie – das erfuhren wir aber erst geraume Zeit später – immer dann, wenn sie zur Hausaufgabenbetreuung ging, als Belohnung etwas gekauft.

Resümee

An Susis Fall ist sehr deutlich zu sehen, dass bei Problemen, die in der Familie wurzeln, die Schule zu einer Lösung zwar beitragen kann, das Spiel aber zu Hause entschieden wird.

Hätten beide – Vater und Mutter – Susis Botschaft verstanden und gebührend ernst genommen, hätte sie es nicht nötig gehabt, sich in so unselige Verhaltensmuster zu verstricken. Es mag auf den ersten Blick leichter sein, über kindliche Probleme hinwegzusehen – bequemer ist es allemal. Doch habe ich noch keinen Fall erlebt, in dem die Eltern für ihre Weigerung, sich intensiv mit den Bedürfnissen der Kinder auseinander zu setzen, nicht früher oder später weit größere Unannehmlichkeiten in Kauf nehmen mussten, als sie sich zunächst einmal ersparten. Natürlich wirft das Eingeständnis kindlicher Probleme und Defizite immer auch die Frage auf, ob Eltern hier am Ende etwas versäumt haben. Doch genau das muss beileibe nicht immer der Fall sein. Ich habe in den vielen Jahren meiner schulischen Tätigkeit eine große Zahl von Familien und Kindern kennen gelernt und bin zu der festen Überzeugung gekommen: Nicht alles, was gut geht, ist unser Verdienst und nicht alles, was „schief läuft", ist unsere Schuld.

Schuldig machen wir uns erst, wenn wir Schwierigkeiten lieber übersehen, verheimlichen oder verharmlosen, statt sie anzunehmen und entsprechend zu handeln.

Es gibt einen prägnanten Spruch auf den Informationsblättern der Gesundheitsämter über den Befall mit Kopfläusen:

Es ist keine Schande, Läuse zu bekommen, aber es ist eine Schande, Läuse zu behalten.

In Anlehnung daran möchte ich sagen:

Es ist keine Schande, ein schwieriges Kind zu haben, aber es ist eine Schande, über diese Schwierigkeiten einfach hinwegzusehen.

Der bockige Oliver

Ähnliche oder gleiche Symptome können ganz unterschiedliche Ursachen haben.

So gehört auch Oliver zwar in gewisser Weise zur Spezies der Leistungsverweigerer. Das äußert sich bei ihm aber anders und das ist auch anders begründet.

Oliver ist nämlich von Anfang an ein eifriger Schüler: Er gibt sich bei seinen Arbeiten Mühe und möchte sichtlich alles richtig machen.

Zu diesem Eifer passt es allerdings schlecht, dass er keine Gelegenheit auslässt, herumzukaspern und andere durch sein Verhalten auf sich aufmerksam zu machen.

Seine Körpersprache verrät jedoch seine Unsicherheit: Er zieht die Schultern hoch, hält den Kopf meist leicht gesenkt, sieht einen im Gespräch nur selten an und redet mit leiser Stimme. Es kommt mir sehr wahrscheinlich vor, dass er sich gerne mehr Bedeutung verschaffen würde und deshalb vielleicht auf die Aufmerksamkeit anderer so besonders erpicht ist.

Die Unsicherheit, die sein Körper verrät, wird auch aus Olivers Arbeitshaltung deutlich: Wenn er an etwas vermeintlich Schwieriges kommt, hört er einfach auf zu arbeiten und schaut wie erstarrt vor sich hin. Wenn ich ihn dabei „ertappe" und dann versuche, ihm zu helfen, zieht er sich völlig zurück. Er lässt den Kopf hängen und reagiert auf gar nichts.

Besonders oft sind diese Ausraster beim Lesen zu beobachten: Oliver fängt gut an. Wenn er an ein längeres oder schwieriges Wort kommt, hört er auf, systematisch die Buchstaben zu erlesen und das Wort nach und nach aufzubauen. Er beginnt herumzuraten und verstrickt sich in geradezu tollkühne Phantasieworte.

Die nächste Stufe ist dann das Verweigern jeglicher Kommunikation. Oliver stellt seine Versuche ein und sitzt reglos da: In derartigen Situationen erinnert er mich immer an einen Käfer, der – vom Totstellreflex gelähmt – daliegt und auf das Verschwinden der Gefahr wartet.

Da Oliver am Unterricht interessiert ist und seine schriftlichen Arbeiten sehr ordentlich erledigt, da er sich über jedes Lob freut und sich auch aktiv an allem beteiligt, ist er offensichtlich durchaus bestrebt, schulische Leistungen zu erbringen. Anders als Susi wirkt er nicht grundsätzlich resigniert, verliert aber sofort den Mut, wenn er etwas nicht auf Anhieb kann. Dann gleitet er in einen Zustand, in dem er nicht mehr ansprechbar ist, auf nichts mehr reagiert und ausgesprochen bockig wirkt.

Die Botschaft, die er damit ausdrückt, ist relativ leicht zu entschlüsseln: „Lieber mache ich gar nichts, als dass ich einen Fehler mache." Das ist jedoch noch nicht alles.

Dahinter steckt Angst und auch wieder der Wunsch, wichtig zu sein, Bedeutung zu haben. Die Angst hindert ihn daran, seine Fähigkeiten voll einzusetzen. Bereits bei kleinen Schwierigkeiten gerät er in Panik. Der Wunsch, wichtig zu sein, äußert sich in den verschiedenen Aktionen, mit denen er die Aufmerksamkeit anderer auf sich ziehen will. So will er einerseits beachtet werden, hat aber andererseits auch Angst davor. Das merke ich daran, dass er sich vehement weigert, zur Klasse zu sprechen, wenn er etwas weiß. Er richtet seinen Beitrag nur an mich und blockt sofort ab, wenn ich ihn bitte, das noch einmal laut für alle zu wiederholen.

Das Hauptproblem ist jedoch sein Abgleiten in einen Zustand hoffnungsloser Verzweiflung und Resignation, wenn er auch nur auf geringe Schwierigkeiten stößt.

Ich lerne schnell, dass es in solch einer Situation zwecklos ist, ihm helfen zu wollen. Es ist wirkungsvoller, ihm bereits im Vorfeld Mut zu machen, so dass er besser durchhält, auch wenn eine Aufgabe schwierig ist.

In so einem Fall sage ich zum Beispiel zu ihm:

„So, Oliver, wir beide lesen jetzt ein kleines Stück. Du

weißt noch, wie du es machen musst? Die Buchstaben schön der Reihe nach zusammenlesen, dann kann gar nichts schief gehen. Du kennst sie ja alle. Schau einmal dieses Wort an! Wie heißt der Buchstabe? – Sehr schön. Und der? – Prima. Und jetzt fangen wir ganz in Ruhe an."

Durch diesen Appell gerät Oliver in eine andere Gemütsverfassung. Er scheint besser gewappnet zu sein gegen die Versagensängste, die sonst immer gleich auftauchen, wenn er unsicher wird.

Für mich stellt sich die Frage: Wie kommt Oliver zu seiner übergroßen Ängstlichkeit in Bezug auf seine Leistungen?

Er ist gescheit, ehrgeizig und interessiert, besäße also eigentlich das Rüstzeug, um ein wirklich guter Schüler zu werden.

Ich bitte seine Mutter zu einem Gespräch. Da sie Oliver täglich zur Schule bringt, muss ich sie deshalb gar nicht eigens anrufen. Wir können das „zwischen Tür und Angel" vereinbaren. Das unterscheidet Olivers Fall grundsätzlich von vielen ähnlich gelagerten, mit denen ich es im Lauf der Jahre zu tun hatte: Er wirkt behütet und gut aufgehoben in seiner Familie. Sowohl Mutter als auch Vater nehmen am schulischen Leben Anteil und sind häufig in der Schule zu sehen: Beim Bringen oder Abholen des Sohnes, an den Elternabenden und immer dann, wenn etwas Besonderes los ist.

So muss Oliver wenigstens unter einem mittlerweile in unserer Gesellschaft sehr häufig gewordenen Defizit nicht leiden: dem der Vernachlässigung, des Desinteresses von Seiten der Eltern.

Die Mutter wirkt im Gegenteil bei unserem Gespräch überbesorgt und sehr ängstlich, ob denn ihr Sohn schon alles könne. Auch sie stellt zu Hause immer wieder fest, dass er bei jeglicher Schwierigkeit in die „innere Emigration" geht. Meine Rolle als schulische Gesprächspartnerin ist viel einfacher als sonst oft, denn es besteht wirklich nicht die geringste Veranlassung, die Mutter an ihre Pflichten dem Kind gegenüber zu erinnern. Im Gegenteil: Ich muss sie geradezu trösten, sie habe bestimmt nichts versäumt oder vernachlässigt.

Es könnte aber sein, dass sie durch ihre eigene Angespanntheit ihrem Kind die nonverbale Botschaft vermittelt: „Wenn das nur gut geht! Ob du das wirklich alles kannst?"

Nicht nur Kinder, auch Eltern können verschlüsselte Botschaften schicken. Nun ist es zwar sehr leicht gesagt, man müsse eben mehr Zutrauen zum eigenen Kind haben. Aber das ist leider nicht bewusst zu steuern. Auch wenn es noch so sehr einleuchtet, kann hier nicht mit dem Verstand entschieden werden, denn dort sitzen unsere Gefühle nicht.

Es geht also darum, der Mutter Strategien zu vermitteln, wie sie mit Oliver auf der bewussten und somit steuerbaren Ebene umgehen kann.

Sie hat mir erzählt, sie schaue bei den Hausaufgaben immer nach. Aber da gebe es regelmäßig Schwierigkeiten, weil Oliver oft „bockig" sei und sich nichts sagen lasse. Ich schlage ihr vor, ihn zum nächsten Gespräch einmal mitzubringen und bei der Gelegenheit seine Arbeitsweisen etwas genauer unter die Lupe zu nehmen.

Einige Tage später treffen wir uns wieder. Ich habe vor, Oliver verschiedene Aufgaben – vor allem aus den Bereichen Lesen und Rechnen – zu stellen und mir ganz bewusst anzuschauen, was abläuft.

Es ist fast rührend zu sehen, wie sehr die Mutter innerlich beteiligt ist: Angespannt sitzt sie da und verfolgt jede Bewegung ihres Sohnes.

Oliver soll zunächst auf einem Leseblatt Fragen und Aufgaben zu dem gelesenen Text bearbeiten. Als er, statt die Antwort auf eine Frage zu schreiben, dazu ein Bild malen will, kommt er gar nicht richtig dazu, diesen Fehler zu machen, weil seine Mutter sofort einschreitet:

Sie deutet auf sein Blatt und setzt an: „Nein, da musst du anders …"

Doch ich unterbreche sie sofort und bitte sie, Oliver allein arbeiten zu lassen. Aber es ist bereits geschehen. Oliver ist wieder „abgerutscht".

In sich zusammengesunken starrt er vor sich hin, dreht seinen Stift zwischen den Fingern, beißt auf seinen Lippen herum und kämpft sichtlich mit den Tränen. Er lässt sich in seine Verzweiflung buchstäblich hineinfallen und reagiert auch nicht auf meine Versuche, ihn wieder zum Arbeiten zu bewegen. Da es keinen Sinn mehr hat, mit dem Lesen weiterzumachen, hole ich Rechenmaterial und bitte ihn, mit Säckchen und Perlen zweistellige Zahlen zu legen, die ich auf Kärtchen geschrieben habe. Das lenkt ihn von seinem Kummer ab. Er liest die erste Zahl richtig – 24 – und legt auch die passende Anzahl Perlen: zwei Zehnersäckchen und 4 einzelne Kugeln.

Bei der nächsten Zahl – 35 – beginnt er zu lesen: „Drei- und- ..." Da sehe ich aus dem Augenwinkel, wie die Mutter gerade ansetzt, sich vorzubeugen und Oliver auf seinen Fehler aufmerksam zu machen. Ich sage schnell: „Ja, genau, lies uns nur die Zahl erst einmal vor", und bedeute der Mutter mit einer Handbewegung, jetzt nicht einzugreifen.

Oliver liest auch prompt: „Drei-und-fünfzig." Ich bitte ihn, diese Zahl zu legen. Er nimmt fünf Säckchen und drei Perlen. Als er auf meine Aufforderung die Zahlenkarte neben die Perlen legt und dann die gelegte Zahl noch einmal laut nennen soll, stutzt er und sagt: „Halt, das ist ja eine Fünfziger-Zahl, das stimmt nicht."

Er verändert jetzt die Perlenmenge so, dass sie zur Zahlenkarte „35" passt: drei Zehnersäckchen und fünf Perlen.

Ich lobe ihn sehr, wie klug er sei, einen Fehler gleich zu bemerken und selber zu verbessern.

„Genauso müssen schlaue Kinder lernen", sage ich ihm. „Sie tun was, und dann merken sie, wenn's falsch ist. Das hast du ja toll gemacht." Oliver strahlt und will gleich noch eine Zahl legen. Nun macht er überhaupt keinen Fehler mehr.

An diesen zwei Beispielen ist der Mutter schon recht deutlich geworden, was zu Hause mit Oliver oft falsch läuft: Sie selbst ist zu angespannt und zu wenig geduldig und gibt ihm gar nicht die Chance, sein Handeln noch einmal zu überdenken und dann vielleicht zu revidieren. Das heißt, dass Oliver sehr oft die Erfahrung machen muss: Wenn ich etwas tue, dann endet das mit einem Hinweis auf meine Fehler und mit dem Gefühl, nichts zu können und versagt zu haben.

So verschanzt er sich immer, wenn es in seinen Augen „brenzlig" wird, hinter seiner erstarrten Haltung und ist durch nichts zu irgendeiner Aktivität zu bewegen.

Hier brauchen beide Hilfe: Oliver und seine Mutter.

Zum Glück gibt es an der Erziehungsberatungsstelle eine hervorragende Psychologin, mit der ich seit Jahren gut zusammenarbeite. Ein weiterer glücklicher Umstand ist der familiäre Hintergrund Olivers: Er hat zwei Elternteile, die sich Gedanken um ihn machen und bereit sind, auch etwas zu tun, um ihm aus seiner misslichen Lage herauszuhelfen.

Die Mutter ist dankbar für Ratschläge und sieht die Schule nicht als natürlichen Feind, sondern als helfende Institution.

So kommt bald ein Termin bei der Erziehungsberatung zustande: Frau Maier, die Psychologin, spricht zunächst mit der Mutter und Oliver, dann mit Oliver allein und bei einem gesonderten Treffen noch mit beiden Eltern. Es wird eine Spieltherapie für Oliver beschlossen. Die Mutter will unbedingt mit ihren eigenen Ängsten besser zurechtkommen und nimmt einige kinesiologische Sitzungen, die ihr dabei sehr helfen.[5]

Olivers weitere Entwicklung

Sehr schnell ist bei Oliver der Therapieerfolg deutlich zu sehen: Er wird offener, meldet sich im Unterricht zu Wort und zeigt mehr Selbstbewusstsein. Es dauert zwar noch einige Monate, bis er es wagt, sich mit Antworten auch an die ganze Klasse zu wenden. Aber es gelingt ihm schon bald, das, was er zu mir sagt, laut und deutlich zu artikulieren, wenn auch ausschließlich mit Blickrichtung auf mich, aber immerhin.

Da er nun erlebt, dass er auf konstruktive Weise in der

---

[5] Kinesiologie: Eine Therapiemethode. Siehe hierzu auch: Christina Buchner, Stillsein ist lernbar, Freiburg, VAK Verlags GmbH, 1994 und: Christina Buchner, Neues Lesen – Neues Lernen, Freiburg, VAK Verlags GmbH, 1997

Schule Erfolg haben kann, gibt er, je mehr er sich aktiv am Unterrichtsgeschehen beteiligt, auch umso mehr von seinem destruktiven Verhalten auf. Er hat es nun nicht mehr annähernd so nötig, seine Geltung dauernd durch Herumkaspern zu beweisen. Gerade in der Zeit von Olivers „Besserung" beginnen wir in der freien Arbeit mit dem rechtschriftlichen Üben von kurzen Wortlisten und daran anschließend mit dem Diktieren. Auf einer Liste stehen zwanzig Wörter. Diese sollen in Fünferabschnitten geübt und dann diktiert werden. Wer einen Fünferabschnitt von Wörtern nach Diktat richtig schreibt, darf die nächsten fünf Wörter üben und sich dann zum Diktat melden, wenn er sie kann. Bei diesem Diktieren nun hält Oliver sich sehr zurück. Der Grund ist klar: Er will nicht riskieren, das nicht zu können. Da er andererseits aber die Wörter übt, ist es schade, wenn er sein Können nicht unter Beweis stellt. So sage ich eines Tages zu ihm: „Oliver, du hast noch gar nicht mit den Wörterdiktaten angefangen. Bestimmt kannst du die Wörter schon, du hast sie ja geübt! Komm, mach heute beim Diktieren mit!" Da reagiert er kurz mit einem Versuch, sich zu weigern: Er schüttelt den Kopf. Als ich ihn aber dann noch einmal auffordere, nimmt er sein Heft und setzt sich zu der Gruppe, die auf das Diktat wartet. Prompt schreibt er dann auch seine Wörter fehlerlos auf und freut sich natürlich darüber. Beim nächsten Diktat zeigt er sich nicht mehr so ängstlich. Offenbar ist er jetzt selbst der Meinung, das so gut wie die anderen zu können.

Auch zu Hause hat sich einiges getan: Da ich die Mutter weiterhin häufig sehe, erfahre ich, wie es ihr mit den kinesiologischen Sitzungen geht: Sie fühlt sich ausgesprochen gut dabei und hat nicht mehr dauernd das Gefühl, bei Oliver alles Mögliche falsch zu machen oder zu versäumen.

Sie lässt ihn nun seine Hausaufgaben allein machen und kontrolliert lediglich zum Schluss, ob sie vollständig sind. Hilfe bekommt er von ihr nur noch, wenn er sie darum bittet. Sie hat auch damit aufgehört, sich ungefragt einzumischen. Das fällt ihr, wie sie zugeben muss, zwar immer noch nicht leicht. Ich kann sie aber beruhigen: Oliver ist in seiner Arbeitshaltung wesentlich sicherer und selbständiger geworden und erledigt alles viel flotter als früher. Das ist eindeutig auf sein gestiegenes Selbstbewusstsein zurückzuführen. Die Zurückhaltung der Mutter hat also kein Absinken der Leistungen bewirkt, sondern Oliver im Gegenteil den Rücken gestärkt und ihn zu mehr eigenem Handeln ermutigt.

Das ist eigentlich auch ganz einleuchtend: Da er nun offensichtlich nicht mehr dauernd Angst hat, etwas falsch zu machen, kann er seine Energie auf seine Arbeit richten.

Resümee

Meine Erfahrung hat immer wieder gezeigt, dass fast alle Lern- oder Verhaltensprobleme in den Griff gebracht werden können, wenn Elternhaus und Schule konstruktiv zusammenarbeiten und sich diese Zusammenarbeit nicht nur auf Gespräche bezieht, sondern konkretes und konsequentes Handeln von allen Seiten zur Folge hat. Bei Oliver war es besonders wichtig, dass der eingeschlagene Kurs von beiden Seiten gestützt wurde.

Eltern, die sich in einem Beratungsgespräch offen und einsichtig zeigen, gibt es oft. Viel seltener gelingt es aber dann, aus den Ergebnissen eines Gesprächs wirklich Konsequenzen abzuleiten, die in konkretes erzieherisches Handeln umgesetzt werden. Nicht umsonst haben schwierige Kinder die Probleme, deretwegen wir uns beraten. Meistens fehlt ihnen – neben anderem – die nötige Konsequenz von Seiten der Eltern. Erzieherische Konsequenz bedeutet mehr, als pünktliche Mahlzeiten und eine geregelte Schlafenszeit.

Mit ihr verbunden sind verlässliche und vorhersehbare Reaktionen der Erwachsenen.

„Bei uns ist das so." Ein wichtiger Satz für Kinder. Wie viele haben in ihrem familiären Umfeld gar nichts mehr, worauf sie sich fest verlassen können.

Einige „klassische" Beispiele für elterliche Inkonsequenz:

- Da wird einmal vielleicht sehr energisch darauf bestanden, dass der Teller leer gegessen wird, und ein anderes Mal scheint das völlig gleichgültig zu sein.
- Es wird beschlossen, die Hausaufgabe des Kindes täglich zu überprüfen. Das geschieht zunächst auch – vielleicht eine Woche lang, und dann ist alles vergessen.
- Oder ein Kind soll die Hausaufgabe immer vor dem Spielen erledigen. Doch dann läutet ein Freund und die Mutter lässt sich erweichen und erlaubt ihrem Kind das Spielen, ehe es mit seiner Arbeit fertig ist.

Das hat mit Konsequenz wenig zu tun.

Diese stellt aber gerade für ängstliche Kinder einen festen Halt dar.

Ein amüsantes Beispiel, wie Konsequenz von Kindern gesehen werden kann, lieferte uns unsere Tochter Maxi im Alter von fünf Jahren. Sie wurde vormittags, während ich in der Schule war, von einer Kinderfrau betreut, ihrer heute noch heiß geliebten Tante Ilse. Diese kam täglich zu uns ins Haus. Gelegentlich kam es vor, dass Maxi bei Tante Ilse übernachten durfte. So auch einmal, als unsere Tante Ilse gerade Besuch von ihrer Mutter hatte, die von Maxi „Oma Becker" genannt wurde. Zur Erklärung muss noch gesagt werden, dass sowohl mein Mann als auch ich es immer vermieden, das Aufessen bei Tisch als etwas unbedingt Erforderliches darzustellen. Es war uns vielmehr vollkommen gleichgültig, ob Maxi viel oder wenig aß, weil wir beide der Überzeugung waren, das Überbetonen des „Brav-Aufessens" werde unter Umständen nur ein Kind mit einem gestörten Essverhalten hervorbringen, habe aber ansonsten wenig Nutzen. So drangen wir nie in Maxi, doch aufzuessen oder irgendetwas auf alle Fälle zu essen. Der Erfolg gab uns Recht: Wir hatten immer ein vollkommen unkompliziertes Kind, was das Essen betraf: weder heikel, noch mäkelig, noch besonders gefräßig.

Nun war aber Oma Becker vom „alten Schlag" und hielt es offenbar für sehr wichtig, bei Kindern darauf zu sehen, dass sie genug aßen und vor allem nichts auf dem Teller zurück ließen. Als Maxi, der beim Mittagessen ordentlich aufgeladen worden war, sich satt fühlte und mit dem Essen aufhörte, wurde sie deshalb ermahnt: „Nun iss mal schön ordentlich auf!"

Da lehnte sie sich im Stuhl zurück, verschränkte die Arme und sagte ganz ernsthaft: „Oma Becker, bei uns wird nicht aufgegessen!"

Als uns das erzählt wurde, mussten wir sehr lachen, denn dieses „Bei uns wird nicht aufgegessen" hörte sich an, als sei das bei uns geradezu verboten. Wie fest das „Nicht-aufessen-Müssen" bei unserer Tochter als Regel verankert war und wie sehr sie sich darauf verließ, zeigt diese Episode.

Für Oliver war es von großer Bedeutung, dass seine Mama sich ein anderes Verhalten im Umgang mit seinen Leistungen zulegte und dieses Verhalten auch konsequent beibehielt. Das half ihm, die Sicherheit zu erlangen, die er so dringend brauchte.

Der Vater war an den primären Maßnahmen zwar nicht aktiv beteiligt, aber er interessierte sich für unsere Vereinbarungen und achtete seinerseits darauf, Oliver seine Akzeptanz deutlich zu vermitteln: Er ließ sich öfter seine Hefte und Mappen zeigen, las gelegentlich mit ihm und nahm ihn als Schulkind ernst.

Mit der Unterstützung, die er von allen Seiten bekam, entwickelte sich Oliver positiv weiter und wurde im Lauf der zweiten Klasse zu einem Schüler, der beständig gute Leistungen erbrachte, motiviert arbeitete und sich auch in der Klasse wohl fühlte.

Der unfolgsame Mark, für den „Gehorchen" offenbar ein Fremdwort ist

Kurz nach der Wende bekamen wir an unserer und an den benachbarten Schulen einige Kinder aus den Neuen Bundesländern. Mark war mit seiner Mutter und deren Lebensgefährten zuerst im Nachbardorf gelandet und sollte nach einigen Monaten zu uns kommen, weil seine Familie umzog. Wir hatten mittlerweile schon Erfahrungen mit Schülern aus der ehemaligen DDR sammeln können und einhellig festgestellt, dass diese ausnahmslos sehr schwierig waren. Als wir an der Nachbarschule anriefen und um die Übersendung der Schülerakten baten, bekamen wir zu hören: „Was, den kriegt ihr? Da werdet ihr schauen! Na, wir sind jedenfalls froh, dass wir ihn loswerden!"

Da Mark in meine Klasse kommen sollte, war ich auf dieses „Horrorkind" natürlich sehr gespannt.

Ich sah ihn zum ersten Mal auf der Schulhaustreppe, als er mit seiner Mutter zu meinem Klassenzimmer hochstieg. Zu meiner Schande muss ich es gestehen: Ich lehnte ihn auf Anhieb ab. Ich mochte seinen Gesichtsausdruck nicht und nicht die Art, wie er den Kopf schräg zwischen die hochgezogenen Schultern klemmte und mich mit zusammengekniffenen Augen von unten ansah. Auch seine Stimme gefiel mir nicht: ein dünnes Quäken in reinstem Berlinerisch. „Wat isn dette?" wollte er als Erstes wissen, nachdem er unser Klassenzimmer betreten und das Freiarbeitsregal entdeckt hatte.

So sehr mich Mark beim ersten Eindruck auf Distanz brachte, so sympathisch war mir seine Mutter auf Anhieb: Eine freundliche, hübsche, sehr junge Frau, der es allem Anschein nach nicht egal war, was aus ihrem Kind wurde. Sie gab mir auch beim Kennenlernen gleich zu verstehen, dass sie mit Mark arge Probleme habe und fragte, ob sie mich bald einmal sprechen könne.

Ich erfuhr dann von ihr einiges über den familiären Hintergrund, das verständlich machte, warum er so schwierig war:

Sie hatte ihn sehr jung – mit 18 Jahren – bekommen, hatte aber nie mit seinem Vater zusammengelebt. Wie in der ehemaligen DDR üblich, war Mark mehr vom Staat als von seiner Mutter erzogen worden: Kinderkrippe, Kindergarten, Schule und Hort, während die Mutter den ganzen Tag als Verkäuferin arbeitete.

Später hatte sie dann ihren jetzigen Lebensgefährten getroffen, mit dem sie nach der Wende in den Westen gegangen war. Sie hatte vor, ihn zu heiraten.

Mark war vor der Übersiedlung der Familie noch ein halbes Jahr in Berlin zur Schule gegangen. Fast von Anfang an hatte es dort mit ihm Probleme gegeben. Er zeigte sich anderen Kindern gegenüber aggressiv, störte permanent den Unterricht, wollte nicht arbeiten und folgte nicht.

Auch zu Hause gab es Schwierigkeiten, weil er nicht folgte. Als ich nachfragte, wie denn der Nachmittag bei Mark aussehe, sagte mir seine Mutter, er höre nach dem Essen immer erst Cassetten oder schaue fern. Danach sei es ziemlich schwierig, ihn an seine Hausaufgaben zu bringen. Ich riet ihr, Mark erst nach erledigten Hausaufgaben fernsehen, spielen oder Cassetten hören zu lassen. Sie meinte, sie glaube nicht, dass er sich das gefallen lasse und wie sie denn das anstellen solle.

Bei dieser naiven Frage wurde mir klar, wie wenig diese nette und sicher nicht dumme junge Frau doch für ihre Mutterrolle gerüstet war: Aufgewachsen in einem politischen System, das den Bürger ziemlich entmündigte, ihm Entscheidungen und Verantwortung abnahm und – wenigstens auf den ersten Blick – für alles sorgte, war es für sie wirklich ein Problem, wie sie es anstellen sollte, ihrem 7-jährigen Sohn das Fernsehen zu verbieten.

Ich riet ihr für den Fall, dass es bei der Durchsetzung Schwierigkeiten mit Mark gebe, einfach das Antennenkabel aus dem Gerät zu ziehen und es erst dann wieder „herauszurücken", wenn ihr Sohn seine Pflichten erledigt habe. Ich legte ihr auch noch ans Herz, das vorher mit ihm zu besprechen, ihm mitzuteilen, dass er nun immer erst nach den Hausaufgaben fernsehen dürfe und warum. Die Maßnahme mit dem sichergestellten Kabel solle sie sich aufsparen als weitere Handlungsmöglichkeit, falls er ihre Anordnung missachte.

Eine Woche später rief sie mich begeistert an und sagte, das klappe. Mark sei zuerst trotz des Verbotes nach dem Essen wie selbstverständlich zum Fernseher gegangen, habe ihn eingeschaltet und auf ihren Hinweis, genau das habe sie ihm doch eben verboten, überhaupt nicht reagiert.

Da habe sie einfach – ohne groß zu schimpfen – das Antennenkabel herausgezogen und im Kleiderschrank eingeschlossen. Auf Debatten mit Mark habe sie sich gar nicht eingelassen, sondern einfach immer gesagt, wenn er seine Hausaufgaben ordentlich erledigt habe, dürfe er fernsehen, vorher nicht. Am späten Nachmittag habe Mark schließlich kapituliert und sich an die Arbeit gemacht. Hinterher durfte er noch eine Vorabendsendung ansehen. Auch an den nächsten beiden Tagen sei es noch einmal schwierig gewesen, aber nun habe er sich an den neuen Ablauf gewöhnt und setze sich gleich nach dem Mittagessen an seine Aufgaben.

Da ich mittlerweile meine eigenen Erfahrungen mit Marks Strategien gemacht hatte, kam mir alles, was seine Mutter erzählte, recht bekannt vor, entdeckte ich doch hierbei dasselbe „Strickmuster", das mir auch in der Schule aufgefallen war.

Hier hatte unser Freiarbeitsregal von Anfang an Marks besondere Aufmerksamkeit erregt. Dass man sich einfach Blätter, Puzzles, Spiele und Bücher aus einem Regal nehmen durfte, warf ihn sichtlich um. So verkündete er auch gleich, kaum nachdem er seinen Platz bezogen und seine Sachen ausgepackt hatte: „Icke hol mir wat zu spielen!"

Und nun erlebte ich etwas, das ich nicht erwartet hatte: Er setzte sich hin und begann zu arbeiten, und zwar konzentriert und ohne die anderen zu stören. Wenn er mit einer Arbeit fertig war, holte er sich die nächste. Er meldete sich nur, wenn er meine Hilfe brauchte, beschäftigte sich aber ansonsten ganz alleine. Das war nicht nur am ersten Tag so, sondern es blieb.

Meiner Erfahrung nach lieben alle Schüler die freie Arbeit aus den unterschiedlichsten Gründen. Einige haben ihre Strategien entwickelt, sich vor ernsthafter Arbeit zu drücken, andere nutzen diese Zeit sehr sinnvoll. Grundsätzlich aber mögen es alle, sich ihre Beschäftigung selber wählen zu dürfen und im eigenen Tempo – unabhängig von der Klasse – etwas zu tun.

Noch nie hatte ich jedoch ein Kind erlebt, auf das die Freiarbeitsphase solch eine Faszination ausübte wie auf Mark. Er arbeitete so hingegeben, vergaß dabei so vollkommen seine Umgebung, als habe er hier genau das gefunden, was er brauche, „sein Ding", wie es auf Neudeutsch so schön heißt.

Lieber zitiere ich allerdings Goethe: „... hier bin ich Mensch, hier darf ich's sein!"[6] Genau so kam Mark mir vor.

Und wenn ich ihn dabei betrachtete, wie er versunken an seiner Arbeit saß, konnte ich gar nicht mehr verstehen, warum ich ihn auf den ersten Blick überhaupt nicht leiden konnte.

Ich merkte jedoch schon bald, welches Potential in ihm steckte, denn bereits nach einigen Tagen begann er im Unterricht, einfach loszuplappern, irgendwelche Geräusche zu fabrizieren, kurz: zu stören.

Ich bat ihn, ruhig zu sein. Das beachtete er natürlich nicht und so ging ich nach der zweiten erfolglosen Ermahnung zu ihm hin und – hielt ihm kurzerhand den Mund zu. Als ich ihn so zu seiner eigenen Überraschung ruhig gestellt hatte, sagte ich freundlich: „Weißt du, ich kann dir nicht erlauben, uns hier dauernd zu stören. Die anderen wollen nämlich aufpassen. Wenn du glaubst, dass du dich wieder an die Regeln halten kannst, hebst du einfach deine Hand, und ich lasse dich sofort los!"

---

[6] Johann Wolfgang v. Goethe, Faust, Hamburg, Christian Wegner Verlag, 1963

Dann unterrichtete ich weiter, als wäre nichts geschehen. Die anderen Kinder halfen mir, dass ich meinen Platz bei Mark nicht zu verlassen brauchte: Michael schrieb etwas an die Tafel und Gabi und Nadine teilten die Hefte aus. Nach einiger Zeit kam wirklich Marks Hand hoch, ich ließ ihn los und ging kommentarlos wieder an meine Arbeit.

Diese Szene wiederholte sich nun täglich ungefähr eine Woche lang. Dann hatte Mark wohl eingesehen, dass das wirkungslos sei und seine Bemühungen aufgegeben. Er verhielt sich ruhig und ich atmete schon auf und hoffte, ich könne jetzt bei ihm zur Tagesordnung übergehen. Das hätte bedeutet, dass ich meine Energie nicht mehr für seine Disziplinierung gebraucht hätte, sondern für die Bewältigung seiner Leistungsdefizite zur Verfügung gehabt hätte.

Eine weitere Woche verlief auch wirklich ruhig: Ich gab Mark Material, mit dem er an seinen Rückständen arbeiten konnte, die besonders deutlich beim Rechnen und Rechtschreiben zu erkennen waren.

Das Schlimme bei verhaltensgestörten Kindern ist ja, dass sie im Regelfall die ganze Energie der Lehrkraft für ihre psychischen Probleme aufbrauchen und dann nichts mehr übrig bleibt, um ihnen hinsichtlich ihrer Leistungen zu helfen. Wenn dann auch noch die Eltern – oft enttäuscht davon, dass ihr Kind kein schulischer „Senkrechtstarter" ist – sich nicht kooperativ zeigen oder sich gar noch – im Bemühen, einen Schuldigen für die missliche Situation zu finden – gegen die Schule stellen, wird die Lage aussichtslos. Glücklicherweise hatte ich in Marks Mutter eine sehr einsichtige und positiv eingestellte Partnerin. Als ich ihr davon erzählte, dass er mich mit seinem dauernden Dazwischengerede dazu gezwungen habe, ihm sehr deutlich zu zeigen, wie er sich zu verhalten habe, fand sie das ausgesprochen gut. Ihr war inzwischen klar geworden, dass ein Grundmuster immer wieder auftauchte: Mark demonstrierte Erwachsenen ihre Ohnmacht im Umgang mit ihm. Und es war auch wirklich so, dass herkömmliche Erziehungsmethoden bei ihm keinerlei Erfolge zeitigten. So gehört zum Beispiel das Verstärkungsmodell zum kleinen

Einmaleins für Erzieher. Es besagt, positives Verhalten solle verstärkt werden durch Lob, Anerkennung, Belohnung, während negatives Verhalten nicht beachtet werden solle, um nicht verstärkt zu werden.

Dieses Modell ist auch grundsätzlich tauglich, allerdings nur im Umgang mit Kindern ohne gravierende Verhaltensstörungen. Wenn jedoch störendes Verhalten „mit System" erfolgt, wenn es eine bestimmte verschlüsselte Botschaft enthält, dann sind Lob, Ignorieren, Tadel und dergleichen Maßnahmen pädagogische „Peanuts", mit denen wir nicht weiterkommen.

Mark machte es zum Beispiel unmöglich, sein negatives Verhalten nicht zu beachten, wenn er durch dauerndes Gerede ernsthafte Arbeit in der Klasse verhinderte. Ebenso geht es mit so manchem kindlichen Störverhalten im familiären Bereich: Es nicht zu beachten, hieße, das betreffende Kind zu Höchstleistungen anzuspornen. So zu reagieren, wie das Kind es mit seinem Verhalten bezweckt, wäre allerdings ebenfalls verhängnisvoll, denn das würde ja bedeuten, dass es damit erfolgreich gewesen sei und auf diese Weise ein negatives Verhalten verstärken.

So gilt es für Eltern und Erzieher, aus einem regelrechten Teufelskreis auszubrechen. Mit einer derartigen Situation konfrontiert, überlege ich mir immer: Was will das Kind erreichen?

Auch wenn hinter destruktivem Verhalten ein berechtigter und verständlicher Wunsch steckt, darf ein Kind nicht damit Erfolg haben, die Erfüllung dieses Wunsches quasi durch Erpressung zu erzwingen.

Deshalb ist es als Sofortmaßnahme wichtig, erst einmal so zu regieren, wie es bestimmt nicht erwartet wird.

Als Mark begann, den Unterricht durch seine Geräuschkulisse zu sabotieren, hatte er bestimmt ein genaues Bild vor Augen, was nun passieren würde:

Ermahnungen, erst freundlicher, dann ungehalten.

Schimpfen, vielleicht auch Schreien, unter Umständen sogar ein paar Klapse.

Was wäre die Folge davon gewesen?

Er hätte das über sich ergehen lassen und seine Abwehrstrategien aktiviert: Nicht-Hinhören, Sich-taub-Stellen, Erstarren.

In den Jahren seiner Unterbringung in Krippe, Kindergarten und Hort hatte er bestimmt viele verschiedene Bezugspersonen erlebt. Es ist sehr unwahrscheinlich, dass diese ihm immer nur liebevoll und positiv begegnet sind. So musste er wahrscheinlich schon früh einen modus vivendi entwickeln, mit dem er möglichst gut alle Fährnisse überstand.

Wäre ich nun auf sein Spiel eingestiegen und hätte reagiert wie vorhergesehen, hätte ihm das ein weiteres Mal bestätigt, dass Erwachsene ihm gegenüber ohnmächtig seien.

Dass ich aber weder schimpfte, noch moralisierte, sondern kurz entschlossen handelte, das passte nicht in sein Konzept. Damit hatte er gar nicht gerechnet. Und so war er zunächst einmal „platt".

Dass hinter Marks Verhalten der Wunsch steckte, Macht auszuüben, kam mir spätestens dann in den Sinn, als er mich bei der zweiten Ermahnung, doch ruhig zu sein und den Unterricht nicht zu stören, unverkennbar triumphierend anblickte:

Sein Blick sagte mir deutlich: „Das kannst du schon wollen, aber doch nicht mit mir! Du kannst nämlich gar nichts machen!"

Welche Bedeutung hatte das für ihn? Was war die eigentliche Botschaft?

Ich ließ vor meinem geistigen Auge Marks Biographie Revue passieren, so, wie ich sie mir eben vorstellte nach allem, was ich von der Mutter wusste und was ich auch in Zeitungen über die Verhältnisse in der ehemaligen DDR gelesen hatte:

Er war in ein Leben hineingeboren worden, das er sich bestimmt so nicht ausgesucht hätte. Seine Mutter begegnete ihm zwar sicher liebevoll, war aber mit 18 Jahren einfach zu jung für ein Kind und mit der Situation vollkommen überfordert. Es gab für ihn von Anfang an keinen Vater und keine Familie. Für seine Erziehung und Pflege war seine Mutter zuständig, die aber den ganzen Tag arbeiten musste, so dass er sie nur am Abend für sich hatte. Ob er wollte oder nicht, wurde er von klein auf herumgereicht, von einer Betreuungsinstitution zur nächsten. Diese Kinder, die wie Postpakete jeweils dort abgegeben werden, wo es gerade einen Platz für sie gibt, sind inzwischen keine Seltenheit mehr. Ich stelle es mir scheußlich vor, klein und hilflos zu sein und keinerlei Einfluss darauf zu haben, wo ich aufbewahrt werde.

Vielleicht hatte Mark dieses Gefühl der Macht- und Hilflosigkeit besonders schmerzhaft und traumatisierend erlebt.

Vielleicht waren seine Ungezogenheiten so etwas wie Rache und sollten signalisieren: Ich kann mich zwar gegen Vieles nicht wehren, aber ich kann es euch ganz schön heimzahlen!

Vielleicht hatte er den brennenden Wunsch, auch einmal selbst über etwas für ihn Wichtiges bestimmen zu dürfen?

Seine Begeisterung für Freiarbeit schien mir ebenfalls in diese Richtung zu weisen: Offenbar bedeutete es für ihn besonders viel – mehr als für andere Kinder –, selbst bestimmen zu können, was, wieviel und wie schnell er arbeiten wollte. Es war auch sehr bezeichnend, dass er bei der freien Arbeit niemals störte, sondern augenscheinlich vollkommen mit sich und der Welt zufrieden war.

Ich nahm mir vor, nach Gelegenheiten zu suchen, bei denen Mark sich ebenfalls konstruktiv und auf Grund eigener Entscheidung in die Gemeinschaft einbringen konnte.

Doch bevor ich diesbezüglich weitere Pläne machen konnte, unternahm er noch einmal einen Versuch, mich zu einem Machtkampf herauszufordern.

Es hatte eine ruhige Woche gegeben, Mark hatte sich in der Schule an die Regeln gehalten, seine Hausaufgaben täglich gemacht und auch zu Hause keine nennenswerten Probleme bereitet. So erkannte ich auch zuerst die Bedeutung seines Verhaltens nicht, als er in der Rechenstunde plötzlich von seinem Platz aufstand und begann, im Klassenzimmer herumzulaufen. Ich erinnerte ihn freundlich und ganz nebenbei, er solle doch an seinem Platz arbeiten. Als er sich nicht setzte, warf ich – immer noch nicht stutzig geworden – einen Blick in seine Richtung und sah wieder den typischen Gesichtsausdruck. Da wusste ich Bescheid. Ich war momentan sprachlos und überlegte, wie ich nun am besten reagieren könnte. Weitere Ermahnungen oder gar Tadel und Schimpfen kamen nicht in Frage, würden sie doch nur meine Ohnmacht demonstrieren. So verschaffte ich mir eine Denkpause, indem ich mich angelegentlich mit den Heften einiger Schüler beschäftigte und erst einmal so tat, als bemerkte ich Marks Ungehorsam nicht. Als ich mich auf diese Weise in seine Nähe gepirscht hatte, nahm ich ihn schnell bei der Hand und sagte entschieden: „Du weißt, dass du dich auf deinen Platz setzen sollst, und das tust du jetzt auch." Mark wehrte sich: „Det will ick nich" und versuchte, sich von meiner Hand loszureißen.

Da führte ich ihn ohne ein weiteres Wort zu seinem Platz, setzte ihn auf seinen Stuhl und hielt ihn an den Schultern darauf fest. Ich erklärte ihm wieder die „Spielregel": Er brauche nur die Hand zu heben, wenn er bereit sei, von allein ruhig sitzen zu bleiben. Ich unterrichtete dann weiter, ließ die Rechenhefte einpacken, die Lesemappen herausnehmen und tat, als wäre nichts geschehen.

Auch dieses Mal dauerte es nicht lange, bis Marks Hand hoch kam. Ich ließ ihn sofort los, ging nach vorn an die Tafel und verlor kein Wort mehr über das Vorgefallene.

Nachdem nun Mark wieder erlebt hatte, dass er keine Macht über mich und die Klasse ausüben konnte, war es mir sehr wichtig, ihm auch eine Möglichkeit zu geben, im sozial verträglichen Rahmen über irgendetwas zu bestimmen. Als wir anschließend die Hausaufgabe festlegten, fragte ich ihn, was er als Schreibübung lieber machen würde: eine Geschichte ins Heft abschreiben oder aus dem Wörterbuch lauter Wörter mit K und H heraussuchen – den beiden Buchstaben, die wir in der Schule wieder einmal geübt hatten. Er entschied sich für die Arbeit mit dem Wörterbuch und so gab ich diese als Hausaufgabe für alle.

So leicht war es nun allerdings nicht, mit Mark fertig zu werden, das merkte ich am nächsten Tag, als das gleiche Spiel wieder ablief, mit dem gleichen Ergebnis wie am Vortag: Er hob seine Hand zum Zeichen, dass er bereit sei, die Regeln zu halten. Nachdem ich ihn losgelassen hatte, tat er das auch.

Am dritten Tag unternahm er dann einen besonders heftigen Vorstoß gegen die schulische Ordnung: Als er auf seinem Stuhl war, zappelte er dort herum, so dass ich wirklich einige Kraft brauchte, ihn zu halten. Da nahm ich ihn kurz entschlossen mit nach vorne, setzte mich auf meinen Stuhl, Mark auf den Knien, und konnte ihn so viel leichter „bändigen". Währenddessen unterrichtete ich weiter und wartete auf Marks Zeichen – Hand hoch –, das aber nicht kam. Da sagte ich zu ihm: „Weißt du, Mark, mir ist es ja egal, aber ich habe schon einmal einen Jungen, der es genauso gemacht hat wie du, den ganzen Vormittag von 8 bis 12 Uhr festgehalten."

Da er mich bisher sehr konsequent erlebt hatte und ich ihm gegenüber wenig gepredigt, aber immer prompt gehandelt hatte, glaubte er mir wohl. Es dauerte keine drei Minuten, da kam seine Hand hoch. Ich ließ ihn los, und damit war die letzte massive Auseinandersetzung mit ihm beendet. Ab da hatte er akzeptiert, dass ich den äußeren Rahmen absteckte und gehorchte.

Nun verwendete ich meine Energie darauf, ihm möglichst viele positive Rückmeldungen für sein Verhalten und seine Leistungen zukommen zu lassen. Und nun, da er sein destruktives Verhalten offensichtlich aufgegeben hatte, nützten diese pädagogischen Maßnahmen auch etwas. Mark freute sich sichtlich über Anerkennung. Er genoss es, ernst genommen und geschätzt zu werden. Als wir wieder einige Wochen später mit dem Theaterprojekt anfingen, das ich alljährlich zum Schuljahresende durchführe, hielt er sich zunächst im Hintergrund und meldete sich für keine Rolle. Er wollte wohl erst einmal schauen, was denn da los sei. Als er sah, dass die Proben ganz locker abliefen und die Texte von uns selbst so gestaltet wurden, wie sie den einzelnen Schauspielern lagen, taute er auf und zeigte sein Interesse immer deutlicher. Besonders das Orchester hatte es ihm angetan: Wir musizierten mit Flöten und Orff-Instrumenten und spielten einen Marsch, der immer den Auftritt des Königs begleitete. Eines Tages kam er zu mir und sagte ganz entschlossen: „Icke will bei't Orchester mitmachen!" Das stellte mich vor ernsthafte Probleme, denn gerade beim Singen und Musizieren hatte ich mit ihm bereits im Unterricht meine rechte Not. Das war ein Bereich, in dem er bisher überhaupt nicht gefördert worden war und natürliches Talent zeigte er auch nicht. Andererseits sah ich gerade in seinem Wunsch, hier mitzumachen, eine weitere Chance für ihn, sich in der Gemeinschaft als konstruktiv und wichtig zu erleben. Und so bekam er einen Triangel, mit dem er den Marsch rhythmisch begleiten sollte. Wie so oft im Umgang mit Kindern war ich auch hier überrascht: Mark schaffte es tatsächlich, seinen Rhythmus einzuhalten und war bei jeder Orchesterprobe von mustergültiger Aufmerksamkeit und Konzentration. Kein einziges Mal erlebte ich ihn als störend, im Gegenteil: seine Begeisterung und Hingabe wirkten auch auf die anderen geradezu ansteckend. So gelang es ihm, wirklich mitzumachen, sich in die Gruppe einzugliedern und zum Gelingen des Ganzen beizutragen.

Wie es mit Mark weiterging

Das war am Ende der ersten Klasse. Mark blieb noch bis zum Frühjahr in der zweiten Klasse bei uns. Dann ging seine Mutter mit ihrem Mann – sie hatte inzwischen geheiratet – wieder zurück nach Berlin und selbstverständlich musste Mark auch mit. Die Familie hatte im Westen wirtschaftlich nicht Fuß fassen können. Der Mutter tat es unendlich Leid, Bayern verlassen zu müssen. Sie sagte mir, sie habe nie geglaubt, dass sie eine Landschaft so lieben könne und sie werde sicher wieder einmal herkommen. Ob sie mich denn dann besuchen dürfe?

Auch ich trennte mich ungern von dieser so natürlichen, herzlichen Frau und wir vereinbarten, einander nicht aus den Augen zu verlieren.

So verließ uns also Mark und ich befand mich bereits wieder in den Vorbereitungen zu einem Theaterprojekt, als mich ein Brief seiner Mutter erreichte. Sie wohne wieder, so schrieb sie, in der Nähe ihrer früheren Wohnung und Mark besuche auch wieder seine ehemalige Schule und habe auch wieder dieselbe Lehrerin, die ihn von seinen ersten Schulmonaten kannte. Die sei außer sich gewesen vor Erstaunen über Marks positive Veränderung und habe gesagt, da sei jemand am Werk gewesen, der sein Handwerk verstehe.

Im Lauf der Jahre bekam ich immer wieder einmal Post. Die Mutter hielt mich stets auf dem Laufenden, schickte mir sogar Fotokopien von Marks Zeugnissen. Wieder einige Jahre später, Mark besuchte inzwischen die sechste Klasse, bekam ich eine Postkarte, die Familie sei demnächst auf Urlaub in Bayern und sie würde mich mit Mark gerne besuchen. Wir vereinbarten einen Termin und an einem Samstagnachmittag kamen alle: der neue Vater, die Mutter und Mark.

Kurz vorher hatte ich noch einen Brief bekommen, in dem die Mutter mich bat, bei dem bevorstehenden Treffen doch mit Mark zu reden, denn er wolle plötzlich in der Schule nichts mehr lernen und sie verspreche sich viel davon, wenn ich ihm ins Gewissen reden würde.

Da es ein sehr warmer Sommertag war, setzten wir uns auf die Terrasse. Mein Mann und Maxi unterhielten sich mit unseren Gästen und ich nahm Mark mit in die Küche, um den Kaffee zu kochen. Ich fragte ihn, wie es ihm denn in der Schule gefalle. Da packte er gleich aus, er wolle jetzt nicht mehr so viel lernen, das sei ihm zu doof. Aber er müsse doch einmal einen Beruf lernen, meinte ich.

„Nee, icke werd Eisverkäufer!", sagte er im Brustton der Überzeugung. Wir redeten dann noch eine Weile. Ich sagte ihm, was ich von seinen Berufswünschen hielte, aber er blieb dabei, Eisverkäufer sei für ihn gerade recht.

Wir gingen dann zu den anderen und das Thema wurde nicht mehr erwähnt.

Doch einige Zeit später erhielt ich einen Brief, in dem Marks Mutter schrieb, das Gespräch mit mir habe Wunder gewirkt. Mark sei wie umgewandelt, lerne wieder und habe auch wieder gute Noten. Der Eisverkäufer sei inzwischen passé.

Das alles ist nun geraume Zeit her und aus Mark ist ein junger Mann geworden, der gerade eine Schreinerlehre absolviert hat. Auf den Fotos, die ich unlängst geschickt bekam, sieht er zwar sehr erwachsen aus und ist vielleicht auf den ersten Blick nicht gleich wieder zu erkennen, aber auch beim Betrachten des erwachsenen Mark sehe ich gleich wieder den kleinen Buben vor mir, der mir zunächst so wenig lag und den ich dann so sehr ins Herz geschlossen hatte, wie er vor unserem Freiarbeitsregal steht und ganz entgeistert fragt: „Wat is'n dette?"

Resümee

Marks Geschichte ist nicht so einzigartig, wie sie vielleicht erscheinen mag.

Hinter seinem Verhalten steckten Botschaften, die man in etwa so formulieren könnte:

- Ich war euch so oft hilflos ausgeliefert, aber ich will es euch auch einmal zeigen.
- Ihr sollt euch an mir die Zähne ausbeißen.
- Ich werde schon noch gegen euch gewinnen.
- Ich werde euch heimzahlen, was ihr mir angetan habt.

Nun fällt vielleicht auf den ersten Blick die Parallele, die zwischen dem sichtlich unterprivilegierten „Ossi" und unseren eher überversorgten Wohlstandskindern besteht, nicht so ohne weiteres ins Auge.

Sehen wir aber von den konkreten Umständen in Marks Kindheit ab und bringen wir das, was er subjektiv wohl erlebte, auf einen allgemeinen Nenner, dann haben wir es zu tun mit:

- einem Gefühl der Hilflosigkeit, des Ausgeliefertseins
- dem Erleben von Ohnmacht und Fremdbestimmung
- der Erfahrung des Herumgeschubst-Werdens
- mangelnder Befriedigung kindlicher Bedürfnisse
- mangelnder Liebe und Akzeptanz (von Seiten der wechselnden Betreuer)
- mangelndem Respekt vor seinem individuellen So-Sein

Dass es gelang, Mark aus seinen destruktiven Verhaltensmustern herauszuhelfen, war nur möglich, weil seine Mutter einsichtig und kooperativ war. Sie suchte nicht nach Schuldigen für die verfahrene Situation, sondern wollte immer nur eines: mit ihrem Kind gut auskommen und ihm helfen, sich im Leben zurechtzufinden. Deshalb zeigte sie sich auch gegenüber Ratschlägen zugänglich, fasste Vertrauen zu mir und sah sich als meine Mitstreiterin im Kampf um Mark.

Hätte sie ihrerseits nicht mitgeholfen, die Grenzen, die die Schule setzte, zu verstärken, indem sie sich auch zu Hause konsequent zeigte, wäre es aussichtslos gewesen, Marks Verhalten ändern zu wollen.

Doch ist eine derart vernünftige Mutter keine Selbstverständlichkeit. Lehrer erleben sehr häufig, dass gerade Eltern, die sich nicht ausreichend um ihre Kinder kümmern, ganz unrealistisch hohe Ansprüche an die Schule stellen und all das, was sie selbst in der Erziehung versäumt haben, nun anderen unterstellen – der klassische Abwehrmechanismus der Projektion: ich projiziere diejenigen meiner eigenen Motive und Gefühle, die ich an mir nicht akzeptieren kann, auf andere.

Einige konkrete Beispiele hierfür:

- Ich beachte mein Kind zu wenig und behaupte nun, der Lehrer beachte es zu wenig.
- Ich kümmere mich nicht um die Aufgaben meines Kindes, schaue sie nicht an, würdige sie nicht und behaupte nun, mein Kind habe keine Lust zu arbeiten, weil der Lehrer seine Arbeit ja sowieso nicht würdige.

- Ich fühle Groll gegenüber meinem Kind, weil es mich vielleicht an einer beruflichen Karriere gehindert hat und behaupte nun, der Lehrer könne mein Kind nicht leiden.

So gibt es sehr viele Beispiele, wie Projektionen sich auswirken können. Eines wird sicher deutlich: Derartige Verhaltensweisen helfen einem Kind nicht weiter, im Gegenteil: eine ohnehin schwierige Situation wird dadurch vollends verfahren.

Eltern sollten mutig und ehrlich genug sein, auch eigene Fehler einzugestehen. Nur so können Elternhaus und Schule gemeinsam Strategien finden, die Schwierigkeiten beheben oder vermindern können. Wenn Eltern Glück haben, finden sie im Lehrer ihres Kindes einen kompetenten Berater und Partner. Wenn Eltern dazu auch noch klug sind, nutzen sie die große Chance, die sich aus dem Zusammenwirken von Elternhaus und Schule ergeben.

Bei Mark waren alle positiven Voraussetzungen gegeben.

Gehen wir noch einmal zurück zu seinen Botschaften, die, wie ich behaupte, nicht nur zu einem Kind mit seiner Biographie passen, sondern durchaus auch zu unseren überversorgten Wohlstandskindern.

Das verplante Kind

Wie steht es denn bei vielen modernen Kindern mit der Befriedigung ihrer Bedürfnisse, mit ihren Möglichkeiten, auch selbst über sich zu bestimmen und mit dem Erleben von Liebe und Akzeptanz?

Wenn ich als Lehrerin erleben muss, dass eine Mutter ihr Kind vorzeitig einschulen lassen will, weil sie meint, das auf diese Weise eingesparte Jahr könne ja dann die „Reserve" für ein Jahr Studienaufenthalt in den USA bilden, dann habe ich manchmal den Wunsch, mich kneifen zu lassen, weil ich es kaum glauben kann, dass es das wirklich gibt.

Hier fällt mir wieder einmal meine Tochter Maxi ein, die eines Tages hörte, wie mein Mann und ich besprachen, dass wir auswärts etwas erledigen müssten und wann das wohl am besten zu bewerkstelligen sei.

Maxi, die immer gewohnt war, dass für sie aufs Beste gesorgt wurde, vermisste bei unseren Planungen wohl ihre eigene Person. So kam sie aus ihrem Zimmer, stellte sich vor uns auf und fragte sichtlich vorwurfsvoll: „Und wer passt auf *mich* auf?"

Bei elterlichen Planungen, die zwar die Kinder zum Thema haben, die aber vollkommen über die Köpfe der Kinder hinweg ausgeheckt werden, wäre die kindliche Frage: „Und wer denkt an *mich?*" höchst angebracht.

Kinder brauchen Zeit:

Zeit zum Spielen, Zeit zum Trödeln, Zeit zum Träumen, Zeit für Freunde, Zeit mit den Eltern gemeinsam.

Wie ohnmächtig und hilflos muss sich ein Kind fühlen, dessen ganze Woche verplant ist: mit Tennisstunden, Computerkurs, Englischunterricht, Musikschule, Karate, Fußball und Ballett.

Wie sehr fühlt sich solch ein Kind wohl um seiner selbst willen geliebt und wird es denn das überhaupt? Sind Kinder nicht oft vielmehr die Träger elterlicher Wünsche und Projektionen?

Und wo bleiben die kindlichen Bedürfnisse, wenn zwar „alles für das Kind getan" wird, aber immer mit dem Blick über das Kind hinweg auf eine zukünftige Existenz gerichtet.

Was Kinder brauchen, ist, dass wir sie so sehen und lieb haben, wie sie sind: mit ihren momentanen Bedürfnissen, Freuden und Kümmernissen.

Es hat keinen Sinn, die Gegenwart zu opfern für eine ferne, ungewisse Zukunft. Wie oft bleiben Eltern mit ihren ehrgeizigen Plänen auf der Strecke!

Kinder können noch nicht über sich selbst bestimmen, sie können es Erwachsenen aber sehr wohl heimzahlen, wenn sie um das Recht auf ihre Kindheit betrogen werden.

Dann zeigen sie uns, wie wenig wir gegen ihren entschiedenen Widerstand ausrichten können. Sie verhalten sich störend oder verweigern die Leistung oder sind frech und unfolgsam.

All das kann natürlich auch andere Ursachen haben und somit andere Botschaften übermitteln. Es kann aber auch zu tun haben mit einem Gefühl von Ohnmacht, daraus resultierender Wut und dem Bedürfnis nach Rache.

Natascha – Wenn Kinder Eltern die Grenzen ihrer Macht zeigen

Ganz anders als bei Mark ist es bei Natascha. Sie kommt aus einem so genannten erstklassigen Elternhaus. Der Vater ist Akademiker und leitet eine erfolgreiche Computerfirma. Die Mutter ist eine viel beschäftigte Rechtsanwältin. Natascha hat noch zwei Geschwister: einen älteren und einen jüngeren Bruder. Beide Eltern sind außerordentlich ehrgeizig und haben mit ihren Kindern Großes vor. Der ältere Bruder scheint auch entsprechend zu „spuren". Er war von Anfang an ein erfolgreicher, ehrgeiziger Schüler und erfüllt sowohl in der Schule als auch im privaten Bereich die elterlichen Erwartungen. So ist seine Mutter zum Beispiel entzückt darüber, wie geschickt er sich mit seinen 9 Jahren beim Golfspielen (!) anstellt, wie gut er sich in Gesellschaft benehmen kann und wie schön er auf dem Pferd sitzt.

Natascha aber ist anders. Sie hat auch Reitstunden, fürchtet sich aber eher davor. Im Ballett stellt sie sich ungeschickt an und am Tennisspiel zeigt sie keine Freude. Sie möchte sich am liebsten am Nachmittag mit anderen Kindern zum Spielen treffen, kann aber nur selten etwas ausmachen, weil sie nur einen freien Nachmittag pro Woche hat, über den sie aber auch nicht immer frei verfügen kann. Sie muss dann manchmal mit der Mutter zum Shoppen gehen oder einen Besuch bei der Oma machen.

So erlebt sie schon früh, dass sie eher als Spielfigur in einem ausgetüftelten Plan und nicht so sehr als eigenständiges Individuum mit eigenen Vorlieben, Abneigungen und Plänen behandelt wird. Dazu passt auch, dass sie auf Wunsch der Eltern vorzeitig eingeschult worden war: Natascha ist ein Augustkind und somit fast zwei Monate nach dem Stichtag geboren.

Im Einschulungsverfahren war sie – als „Vorzeitige" – damals von uns genauer unter die Lupe genommen worden. Sie war körperlich sehr klein und zierlich, wirkte aber interessiert und aufgeweckt, wenn auch nicht sehr kontaktfreudig Erwachsenen gegenüber. Sie nahm in einer Gruppe von 6 Kindern am Schulspiel teil. Dabei zeigte sich ihre Verspieltheit deutlich: Bei allem, was spielerische Aktion verlangte, veränderte sich ihr Gesichtsausdruck völlig. Sie strahlte, nahm ohne Scheu Kontakt zu den anderen Kindern auf, wurde sogar etwas zu lebhaft, so dass es schwierig wurde, sie dann wieder zu konzentriertem Arbeiten zu bewegen. In den ruhigen Phasen des Schulspiels, in denen die Kinder konzentriert und selbständig arbeiten sollten, bemerkten wir an ihr eine nur sehr kurze Aufmerksamkeitsspanne, während der sie sich auf ihre Arbeit konzentrieren konnte. Danach schaute sie immer wieder in die Luft oder zu den anderen Kindern, arbeitete aber nur noch mit großen Pausen an ihrer Aufgabe weiter.

Zum anschließenden Beratungsgespräch kamen beide Eltern. Wir rieten ihnen dringend von einer Einschulung Nataschas ab, nicht, weil wir der Meinung waren, sie sei dazu kognitiv nicht in der Lage, sondern weil sie unserer Überzeugung nach noch ein Jahr des Spielens und des Nur-Kindseins brauchte, ohne Anforderungen, ohne Leistungsdruck und Verpflichtungen. Das konnten wir auch begründen. Die Schilderung von Nataschas Persönlichkeit aus unserer Sicht fand auch durchaus die Zustimmung der Eltern. Auch sie schätzten ihre Tochter als noch sehr kindlich und verspielt ein, meinten aber, das sei in einem Jahr auch nicht anders und die Schule würde ihr gut tun, sie brauche „etwas mehr Druck", sonst würde sie nur herumbummeln.

Außerdem seien deutsche Schüler im internationalen Vergleich deutlich benachteiligt, weil sie ja das Abitur so spät ablegten und dementsprechend auch mit dem Studium(!) später fertig würden. Und ihre Tochter habe das „Köpfchen", in die Schule zu gehen, deshalb solle sie das auch tun.

Kurz: Sie waren nicht bereit, ihrer Tochter noch ein „zweckloses" Jahr des Spielens und Reifens zuzugestehen. Auch weitere Termine bei der Schulpsychologin und bei der Ärztin des Gesundheitsamts bestätigten unsere Einschätzung: Natascha konnte zwar bezüglich ihrer kognitiven Leistungsfähigkeit durchaus als künftiges Schulkind gelten, war aber emotional und sozial noch nicht so weit.

In einem ernsten Gespräch erläuterte der Schulleiter den Eltern noch einmal die möglichen negativen Konsequenzen einer falschen Entscheidung und stellte es dann in ihre eigene Verantwortung, die Weichen für Nataschas schulische Laufbahn zu stellen.

Die Eltern beharren auf ihrem Wunsch und so wird Natascha eingeschult. Sie kommt in meine Klasse.

Auf Grund der Vorgeschichte beobachte ich sie natürlich besonders aufmerksam und bin mir während der ersten Wochen des Schuljahres gar nicht sicher, ob wir bei der Einschulung nicht doch alles etwas zu schwarz gesehen haben.

Sie arbeitet nämlich sehr interessiert mit, passt auf und meldet sich eifrig zu Wort. Es fällt ihr zwar noch sehr schwer, sich ruhig zu verhalten, bis sie aufgerufen wird. Am liebsten würde sie alles, was sie weiß, sofort herausrufen. Aber das ist bei Erstklässlern ja keineswegs ungewöhnlich und somit auch kein Indiz für eventuell bevorstehende besondere Schwierigkeiten.

Das Bild, das Natascha bietet, ändert sich aber im Verlauf weiterer Wochen und Monate, zunächst so langsam, dass ich es kaum bemerke.

Der Unterricht beginnt täglich mit einer Phase der freien Arbeit: Hier sollen sich die Kinder aus dem bereitgestellten Material selbst etwas aussuchen und daran arbeiten. Während einige von Anfang an diese Zeit sehr effektiv nutzen und die anderen zumindest Fortschritte in Bezug auf Selbständigkeit und Arbeitshaltung machen, fällt es Natascha offensichtlich schwer, sich selbst zu beschäftigen. Sie braucht sehr lange, bis sie sich überhaupt eine Arbeit holt. Zunächst gibt es hauptsächlich einige Spiele und Blätter, auf denen in erster Linie gemalt werden muss. Natascha verwendet auf die Auswahl wenig Sorgfalt. Jeden Tag holt sie sich das Gleiche: ein Blatt zum Malen. Sie sitzt dann auf ihrem Platz, schaut den anderen Kindern zu und beginnt erst auf meine Aufforderung hin, selbst etwas zu tun. Immer wieder legt sie den Stift weg, schaut träumend in die Luft und arbeitet nur in einem Bruchteil der Zeit. Ihre Zeichnungen würden selbst einem Kindergartenkind keine Ehre machen: Einfarbige Strichmännchen ohne Finger, Haare und Füße, meist in Orange oder Braun. Alle Striche sind sehr flüchtig und fahrig ausgeführt, das Dargestellte ist kaum zu erkennen. Der Mutter, die Natascha täglich abholt, teile ich diese Beobachtung mit. Sie lacht und sagt: „Ja, ja, Malen, das hat sie noch nie gern gemacht." Sie hält das anscheinend auch gar nicht für so wichtig, denn es hat ja – für den Blick des pädagogischen Laien – mit schulischer Leistung nichts zu tun.

Anders sieht es schon aus, als auch beim Schreiben der ersten Buchstaben keine zufriedenstellenden Ergebnisse erzielt werden: Ziemlich lustlos und unordentlich kritzelt Natascha bei den Schreibübungen in ihre Mappe und ihr Schwungheft. Sie muss auf Geheiß der Mutter die Hausaufgabe öfter noch einmal neu schreiben. Doch auch das wird mit eher amüsierten Äußerungen wie: „Sie ist eben unsere kleine Schlamperin!" quittiert.

Die schulische Entwicklung setzt sich so fort, wie sie begonnen hat:

Natascha ist grundsätzlich interessiert, arbeitet mündlich gut mit, hat aber größte Schwierigkeiten, Aufgaben selbständig zu lösen und zeigt deutliche Defizite nicht nur in ihrer Fein-, sondern auch in ihrer Grobmotorik. Im Turnen sind ihre Bewegungen zappelig, wenig gesteuert und koordiniert. Außerdem singt sie geradezu schauderhaft und kann beim Spiel mit den Orff-Instrumenten nur den Grundschlag bei einem ganz einfachen Vierer-Takt einhalten.

Sie ist aber immer munterer Stimmung, freut sich an allem, was wir in der Klasse gemeinsam machen und sagt auch, dass sie das schön finde. Sie scheint überhaupt gerne in die Schule zu gehen.

Die Mutter erzählt mir eines Tages stolz, sie bekomme jetzt Tennisstunden. Das würde doch sicher ihre Koordinationsfähigkeit fördern. Ich erinnere mich, unlängst im Gespräch über Nataschas Schreibprobleme geäußert zu haben, ihre Auge-Hand-Koordination sei wohl noch nicht genügend entwickelt. Sollte das die Ursache für die Tennisstunden sein?

Wie auch immer, Nataschas Schrift profitiert davon natürlich in keiner Weise. Auch beim Lesen machen sich Schwierigkeiten bemerkbar: Im Lauf des ersten Schuljahres zeigt sich zwar deutlich, dass sie es im Prinzip begriffen hat. Sie kann Wörter und kurze Sätze lesen und verstehen. Sie drückt sich aber vor dem Üben, wo es nur geht und so bleibt sie im Lesetempo bald hinter dem Großteil der Klasse zurück. Beim Rechnen entspricht das, was sie in selbständiger Arbeit aufs

Papier bringt, nicht dem Eindruck, den sie bei der gemeinsamen Arbeit an der Tafel macht: Da meldet sie sich und zeigt, dass sie den Unterrichtsstoff versteht. Kaum soll sie jedoch etwas schriftlich erledigen, ist das Ergebnis sehr kümmerlich.

Ich muss sie auch immer wieder zur Arbeit anhalten, denn sie tut am liebsten immer noch das Gleiche wie früher: ziellos herumschauen.

Den Eltern bleibt die Entwicklung natürlich nicht verborgen: Ich weise im Halbjahrszeugnis darauf hin und spreche öfter einmal mit der Mutter. Da sie an drei Tagen in der Woche bis abends arbeitet, wird Natascha am Nachmittag bei den Hausaufgaben von einer Zugehfrau beaufsichtigt, die ihre liebe Not mit ihr hat: Natascha trödelt herum, erledigt alles schlampig und lustlos und ist zu irgendeiner zusätzlichen Übung nicht zu bewegen.

So entschließt sich die Mutter, an den Wochenenden mit ihr zu arbeiten: Es wird ein strenges Pensum festgelegt. Das wird auch vom Vater unterstützt, der sich von den schulischen Leistungen seiner Tochter sehr enttäuscht zeigt, hat er sich doch nach den Erfahrungen mit seinem Sohn weit mehr von ihr erwartet. Es verstärkt sich also der häusliche Druck.

In der Schule ändert sich Nataschas Verhalten: Sie war bisher ihren Mitschülern gegenüber immer verträglich und ausgesprochen gutartig. Nun beginnt sie auf einmal, andere zu verpetzen. Sie zeigt auch plötzlich Schadenfreude, wenn jemand etwas nicht kann und lacht dann gern darüber.

Es gibt jetzt auch in der Pause gelegentlich Schwierigkeiten mit ihr, weil sie andere Kinder neckt oder ärgert.

Ich bitte die Eltern zu einem Gespräch und teile ihnen meine Beobachtungen und meine Meinung dazu mit: Natascha ist überfordert. Sie kann sich gegen den Leistungsdruck nicht wehren, aber sie kann sich allen Anforderungen gegenüber abschotten und so jegliche Bemühungen von Seiten der Eltern sabotieren. In der Schule arbeitet sie nur auf Aufforderung. Ich würde sie aber nicht einfach als einen Fall von Leistungsverweigerung einstufen. Meines Erachtens ist sie zum einen wirklich überfordert. Das liegt nicht nur an der für ihren Entwicklungsstand zu frühen Einschulung, sondern auch an dem äußerst strammen Freizeitprogramm, das sie hat und an dem familiären Organisationsrahmen. Wegen der engagierten Berufstätigkeit der Eltern müssen die verschiedenen Betreuungsmöglichkeiten reibungslos ineinander greifen: Schule, Betreuung durch die Zugehfrau, Tennis-, Reit- und Ballettstunden und in Bälde – so erfahre ich – auch noch Nachhilfeunterricht.

Die Reaktion des Vaters auf meine Äußerungen lässt mich ahnen, welch großem familiären Stress Natascha ausgesetzt ist. Er beginnt zu poltern und zu schimpfen: auf Nataschas Faulheit, auf die Unfähigkeit seiner Frau, das Kind richtig zu „managen" und auf das deutsche Schulsystem, in dem es keine Nachmittagsbetreuung gebe für Kinder, deren Mütter sich eben auch „ihre Brötchen verdienen" müssten.

Allem Anschein nach stehen sowohl die Mutter als auch Natascha gehörig unter Druck.

Ich versuche, das Gespräch in eine Richtung zu lenken, bei der es weniger um Schuldzuweisungen als um das Finden einer positiven Zukunftsperspektive für Natascha geht. Wie kann ihre Belastung vermindert werden?

An der Tatsache ihrer vorzeitigen Einschulung ist nichts mehr zu ändern und wohl auch nicht an der Berufstätigkeit der Mutter. So schneide ich das Thema „Freizeitgestaltung" an. Ich lasse mir zunächst noch einmal den Ablauf von Nataschas Nachmittagen und Wochenenden schildern. Die Mutter ist an zwei Nachmittagen zu Hause. An einem davon bringt sie Natascha zum Reiten, am anderen macht sie mit ihr oft Besorgungen. An den Wochenenden wird das Lernpensum durchgearbeitet. Sie kümmert sich dann auch um die Aufgaben des älteren Sohnes, der im nächsten Jahr aufs Gymnasium geht. Am Samstagabend haben die Eltern oft gesellschaftliche Verpflichtungen. Da übernachten die Kinder entweder bei der Oma oder es wird ein Babysitter engagiert. Gemeinsame Ausflüge gibt es kaum. Gelegentlich werden am Wochenende Kurztrips gemacht: zu Freunden, in die Berge, zum Skifahren.

Ich schlage vor, Nataschas Freizeit zu entzerren und ihr mehr Freiraum zum Spielen zu geben. Ich erwähne auch, wie wichtig es für sie wäre, mit den Eltern und Geschwistern gemeinsam etwas Schönes zu machen. Der Vater meint, den Kindern sei doch ohnehin so viel Schönes geboten, was solle denn noch alles getan werden?

Ich zähle dann einige sehr einfache, unspektakuläre und noch dazu billige Möglichkeiten auf: miteinander basteln, spielen, spazierengehen, etwas besichtigen. Damit habe ich jedoch wenig Erfolg, das merke ich schon.

Die Eltern ziehen aber in Erwägung, die Reitstunden zu streichen. Von dem geplanten Nachhilfeunterricht allerdings halten sie viel. Wir verbleiben so, dass das Thema Freizeit etwas bewusster angegangen und Natascha mehr Freiraum zugestanden werden solle.

Als ich kurz darauf mitbekomme, wie Natascha sich mit ihrer Banknachbarin zum Spielen verabredet, freue ich mich. Vielleicht haben die Eltern doch eingesehen, dass 6-jährige Kinder noch nicht das Arbeitspensum eines Erwachsenen bewältigen können.

Bald danach beginnen die Sommerferien und ich sehe Natascha erst im September wieder. Sie scheint in den vergangenen Wochen alles bisher Gelernte vergessen zu haben. Das Wieder-Aufnehmen ihrer täglichen Pflichten fällt ihr schwer, noch dazu, wo sich jetzt, in der zweiten Klasse, sehr deutlich zeigt, dass sie mit ihren Mitschülern nicht Schritt halten kann.

Der Rest ihrer Geschichte, soweit ich ihn überblicken kann, ist rasch erzählt:

Sie fällt in ihren Leistungen immer weiter ab. Es kommt immer wieder zu Gesprächen mit der Mutter, die aber sichtlich keine Ergebnisse zeitigen. Auch die guten Vorsätze, die gegen Ende der ersten Klasse von den Eltern gefasst wurden, haben offensichtlich nicht lange gehalten. Nataschas Nachmittage sind verplant. Sie hat zwar tatsächlich keine Reitstunden mehr, geht nun aber zweimal wöchentlich zur Nachhilfe.

Ich versuche, im Rahmen meiner Möglichkeiten, ein wenig kompensierend zu wirken.

So zeige ich ihr zum Beispiel, dass ich sie auch dann mag, wenn sie nicht so gut lernt. Ich ziehe sie vor der Schule oder in der Pause öfter ins Gespräch, betraue sie mit kleinen Arbeiten und helfe ihr, sich ihren Mitschülern gegenüber wieder so verträglich wie früher zu verhalten.

Die Strategien, die ich gerne verwende, um „Übeltätern" aus ihren negativen Mustern herauszuhelfen, habe ich an anderer Stelle ausführlich beschrieben.[7]

Ich habe das Gefühl, dass sie sehr froh ist, wenigstens in der Schule gehalten und ein wenig verstanden zu werden.

Das führt nicht so weit, dass sie anfängt, fleißiger zu sein, aber zumindest nimmt sie an allen Gemeinschaftsaktionen begeistert teil, stört nicht im Unterricht und verträgt sich mit ihren Mitschülern. Mehr kann ich für sie nicht tun. Da gegen Ende der zweiten Klasse ihre Leistungen im unteren Drittel der Skala liegen, ist die dritte Klasse von Anfang an kein Honiglecken für sie: die Noten fallen bescheiden aus, und während der große Bruder in seinem ersten Gymnasialjahr glänzt und nur Einsen und Zweien nach Hause bringt, erzielt Natascha nur einige wenige Dreien und schreibt hauptsächlich Vieren und gelegentlich auch einmal eine Fünf.

Dass bei dieser Konstellation von Gymnasium keine Rede sein kann, ist mittlerweile auch dem Vater klar, der das bisher noch immer nicht so recht sehen wollte. Es werden nun neue Strategien entworfen.

Ob ein freiwilliges Wiederholen der dritten Klasse etwas bringt? Eines ist klar: Natascha darf nicht auf die Hauptschule. Das muss unter allen Umständen vermieden werden.

So der Vater.

Als ich sie aus den Augen verliere, hat Natascha die vierte Klasse mit sehr mäßigem Erfolg absolviert und wird in der fünften Klasse auf ein Internat geschickt.

---

[7] Christina Buchner, Stillsein ist lernbar, Freiburg, VAK Verlags GmbH, 1994

Von einem häuslichen Eklat erfahre ich noch im Nachhinein: Natascha hat beim Spielen – angeblich „aus Versehen" – ein nagelneues Wohnzimmersofa ruiniert: sie hat beim Basteln den Bezug mit einer spitzen Schere aufgeschlitzt, als sie ein Stück Stoff darauf zuschnitt.

Wie es mit ihr weitergeht, erfahre ich nicht, da die Familie umzieht.

Was bedeutet Nataschas Verhalten?

Um es gleich vorweg zu sagen: Ich mochte Natascha ausgesprochen gut leiden. Sie zeigte sich dankbar für Zuwendung und gute Worte und war im Grunde sehr leicht für alles zu motivieren. Dass sie von Anfang an nicht alleine arbeiten mochte, war kein Zeichen von schlichter Faulheit und kann auch nicht als Leistungsverweigerung wie bei Susi oder Oliver gesehen werden. Sie war wirklich noch nicht so weit, sich den Mühen der schulischen Arbeit zu unterziehen. Bei der Einschulung hatte sie ein deutlich zu erkennendes „Spieldefizit" Da die Mutter bei ihrer anspruchsvollen Berufstätigkeit wenig Zeit aufbringen konnte, war Natascha in Bezug auf Kind-Sein, Umsorgt-Werden und Zuwendung sicher nicht voll auf ihre Kosten gekommen. Das allein wäre aber nicht tragisch gewesen, wenn man ihr zugebilligt hätte, dass sie eben noch ein wenig Zeit brauchte, um wirklich für die Pflichten und Anforderungen, die Schule naturgemäß mit sich bringt, gerüstet zu sein.

Was ist denn schon ein Jahr, gemessen an den Schwierigkeiten und Problemen, die entstehen, wenn Kinder zu sehr gehetzt werden!

Vielen Eltern ist nur schwer begreiflich zu machen, dass es keine Rolle spielt, ob ein Kind eine bestimmte Fähigkeit oder Leistung etwas früher oder später vorweisen kann. Entscheidend ist, dass alles in der richtigen Dosis und zum richtigen Zeitpunkt erfolgt. Wie viele schulische „Overachiever" verschwinden später spurlos „in der Versenkung", weil sie das ihnen aufgezwungene Tempo einfach nicht durchhalten können. Und wie viele zunächst eher langsame und fast ein bisschen schwerfällige Schüler habe ich erlebt, die, wenn sie erst einmal richtig Fuß gefasst hatten, zu regelrechten „Senkrechtstartern" wurden. Jedem leuchtet ein, dass ein neuer Motor nur langsam auf seine volle Leistung gefahren werden darf.

Bei Natascha hätte es wahrscheinlich ein Jahr später viel geringere Schwierigkeiten gegeben. Es darf allerdings auch die Belastung durch ihre fast hundertprozentig durchorganisierte Freizeit nicht gering geschätzt werden. Ich habe noch nie ein Kind erlebt, das diese Art von Stress unbeschadet überstanden hätte. Wie auch immer die Störungen benannt werden, die daraus resultieren, die Ursache ist im Fall der totalen Verplanung immer Überforderung.

Je nach den sonstigen Begleitumständen reagieren Kinder darauf mit Zappeligkeit, Unkonzentriertheit, Leistungsverweigerung, Faulheit, Wirklichkeitsflucht, Aggressionen oder auch Depressionen.

In Nataschas Verhalten war meines Erachtens eine starke aggressive Komponente vorhanden. Sie erlebte ihre Ohnmacht den elterlichen Anforderungen und Verplanungen gegenüber und rächte sich auf ihre Weise dort, wo sie ihre Eltern – wahrscheinlich besonders ihren Vater – am empfindlichsten traf: sie leistete zu wenig.

Ihre Aggressionen waren besonders schwer zu fassen, weil sie sie „tarnte": als Schlamperei, Vergesslichkeit, Ungeschicklichkeit und Faulheit.

Ihre Botschaft lautete in meiner „Übersetzung": Ihr könnt mich zwar zwingen, in die Schule zu gehen, aber ihr könnt mich nicht zwingen, Erfolg zu haben!

Wie aggressiv sich ihre Haltung besonders in der dritten und vierten Klasse zuspitzte, zeigt die Sache mit dem Sofa, bei der die Aggression ja auch wieder getarnt war. Überhaupt ging Natascha der offenen Auseinandersetzung aus dem Weg. Das machte es natürlich für ihre Eltern noch viel schwieriger, ihre Not zu erkennen.

Und noch etwas gibt es zu berichten, das für sich betrachtet harmlos sein kann, im Zusammenhang mit der ganzen Situation aber in meinen Augen durchaus bedeutsam ist: In der vierten Klasse schrieb Natascha einen Aufsatz über Tigereltern, die zum Schluss von ihren Jungen getötet werden. Ihre Lehrerin gab mir den Aufsatz zu lesen, weil sie wusste, dass ich an Nataschas Werdegang weiterhin Anteil nahm.

Die Geschichte spricht für sich: Ich sah darin ein Zeichen dafür, dass aus Nataschas Ohnmacht sich nicht nur Wut, sondern langsam Hass entwickelte.

Gemeinsamkeiten von Mark und Natascha

Sowohl Mark als auch Natascha erleben sich, wenn auch aus unterschiedlichen Gründen, als ohnmächtig.

Mark wird in ein Leben ohne richtige Familie hineingeboren und während seiner frühen Kindheit mehr verwahrt als erzogen. Er ist aber kein Opfer mütterlichen Ehrgeizes. Im Gegenteil: seine Mutter ist liebevoll, aufrichtig besorgt und denkt in erster Linie an ihr Kind. Dass er dennoch verplant und herumgereicht wurde, hing mit den besonderen Lebensumständen seiner Mutter und auch mit dem politischen System in der ehemaligen DDR zusammen.

Natascha hingegen hätte eigentlich alles, was zu einer gedeihlichen Kindheit gehört: eine richtige Familie, einen guten sozialen Hintergrund, einen gesicherten Finanzrahmen. Die Berufstätigkeit der Mutter ist allein kein hinreichender Grund für ihre verzweifelte Situation. Ich kenne viele Familien, in denen die Mutter genauso viel arbeitet wie die von Natascha, in denen aber das Umfeld der Kinder emotional bekömmlicher und mit mehr Einsicht in ihre besonderen Bedürfnisse gestaltet ist. Natascha erlebte sich als hilflos und ohnmächtig, weil über ihren Kopf hinweg ihr Leben ge- und verplant wurde und ihre Bedürfnisse einfach nicht zur Kenntnis genommen wurden.

Resümee

Gerade in Nataschas Fall wäre es so einfach gewesen, die späteren Schwierigkeiten gar nicht erst aufkommen zu lassen. Die Eltern hätten zunächst einmal ihr Kind so sehen und lieb haben müssen, wie es eben war: ein zum Zeitpunkt der Einschulung noch kleines Kind von gerade erst sechs Jahren, das so gerne noch Zeit für sich und auch Zeit mit seinen Eltern gehabt hätte.

Deshalb hätte man ihr unbedingt das eine Jahr noch lassen müssen. Jede erfahrene Grundschullehrerin weiß, dass die etwa siebenjährigen Schulanfänger den sechsjährigen gegenüber signifikant im Vorteil sind. „Ja, aber in manchen anderen Ländern kommen die Kinder schon mit fünf Jahren in die Schule und da geht das doch auch", kann man oft von den sehr leistungsorientierten Eltern hören.

Sie vergessen dabei eines: Wenn alle Kinder mit fünf Jahren eingeschult werden, muss die erste Klasse ganz anders gestaltet sein als bei uns. Dann sind Organisationsrahmen und Lehrpläne darauf abgestimmt und – das halte ich für noch entscheidender – das fünfjährige Kind befindet sich in einer Gruppe von Fünfjährigen. Seine Leistungen werden mit denen Gleichaltriger verglichen. Es muss nicht in Wettstreit treten mit Kindern, die allein auf Grund ihrer größeren Reife einen Bonus mitbringen.

Ein vorzeitig eingeschultes Kind, das sich im kognitiven Bereich auf einer Ebene mit den „normalen" Schulanfängern befindet, ist ihnen gegenüber immer noch gravierend im Nachteil, weil es emotional und sozial mit Sicherheit noch nicht so weit ist wie die Älteren. Um dieses Defizit auch nur annähernd auszugleichen, müsste es den „normalen" Erstklässlern geistig deutlich überlegen sein und auch eine weit höhere Leistungsmotivation aufweisen als diese. Und selbst dann wird meiner Meinung nach nichts gewonnen, denn was auf der Strecke bleibt, ist viel wertvoller als der geringe zeitliche Vorteil von einem Lebensjahr, der bei diesem Arrangement – wenn alles gut geht – herausspringt.

Gemessen an einem Erwerbsleben von ca. 40 Jahren Dauer ist ein einziges Jahr, das „gewonnen" wird, nur ein Vierzigstel. Gemessen an der frühen, schulfreien Kindheit ist ein Jahr, das verloren geht, ein Sechstel. Allein kaufmännisches Kalkül muss einem hier schon sagen, dass die Rechnung auf keinen Fall aufgeht.

Der zweite Punkt, an dem die Eltern vieles hätten besser machen können, war Nataschas natürliches, kindliches Bedürfnis danach, Zeit mit ihren Eltern, primär sicher mit ihrer Mutter, zu verbringen.

Hier damit zu argumentieren, das sei bei der starken beruflichen Belastung der Mutter einfach nicht möglich, ist gerade in diesem Fall nicht ehrlich. Vieles, was angeblich aus Zeitgründen einfach nicht möglich ist, wäre durchaus machbar, wenn man die Wichtigkeit erkennen würde.

Rechnen wir nur an einem einzigen Beispiel im Wochenplan der Mutter durch, wie sie sehr wohl Zeit für ihre Tochter hätte aufbringen können.

Natascha ging einmal in der Woche zum Reiten und in diese Reitstunde wurde sie immer von der Mutter gebracht.

Allein das Chauffieren zur Reitstunde dauerte einfach 30 Minuten, hin und zurück also eine Stunde. Während der Reitstunde machte die Mutter manchmal Besorgungen, oft aber blieb sie einfach zum Zusehen. So musste sie für das Reiten jede Woche zwei Stunden erübrigen. Diese zwei Stunden hätten als besondere „Natascha-Zeit" einfach ihrer Tochter gewidmet werden können. Die Zeit war, trotz der Berufstätigkeit, offensichtlich aufzubringen. Was hätte da nicht alles an positiven gemeinsamen Aktionen stattfinden können! Und wie traurig ist es, beobachten zu müssen, dass gerade Mütter mit einem knappen Zeitrahmen das, was sie erübrigen können, eher in kontraproduktive Unternehmungen stecken als ganz einfach zusammen mit ihren Kindern zu spielen, zu trödeln, zu lesen oder zu kuscheln.

Und dann hätten beide Eltern vernünftig genug sein müssen, ihr Kind nicht – nur weil das in ihren Augen eben zum sozialen Status gehörte – mit allen möglichen Kursen zu plagen.

Ich kann beim besten Willen nicht verstehen, was daran ehrenrührig sein soll, wenn Kinder am Nachmittag einfach zu Hause sind oder mit Freunden spielen statt schon in der Grundschulzeit allerlei schicken Schnickschnack als Freizeitbeschäftigung zu betreiben.

Kinder brauchen nicht in erster Linie, dass ihnen etwas geboten wird, sondern dass man sie lieb hat, interessant findet und an ihnen, ihren Freuden, Kümmernissen und Erlebnissen Anteil nimmt. Das kostet nichts, ist jederzeit und ohne organisatorischen Vorlauf möglich und hilft unseren Kindern mehr als alles, was für Geld auf dem pädagogischen Markt zu haben ist.

„Mama, schau mal ..." – das Supermarkt-Syndrom

In diesem Abschnitt soll es nicht um die Geschichte eines bestimmten Kindes gehen, sondern um Beobachtungen kindlichen Verhaltens, die „in freier Wildbahn" immer wieder gemacht werden können.

Am interessantesten und wichtigsten von allen Kindern war für mich natürlich immer meine eigene Tochter. Aber gleichgültig, wo ich mich befinde, registriere ich stets sehr bewusst, wie „fremde" Kinder sich verhalten und – vor allem! – wie die Eltern, meistens die Mütter, mit ihnen umgehen.

Hier der „Prototyp" einer Szene, die sich besonders häufig bei Einkäufen im Supermarkt abspielt:

Mama hastet durch die Gänge und lädt Waren in den Einkaufswagen.

Kind: Mama, schau, da gibt's rote Nudeln.
Mama: Sei still!
Kind: Mama, schau, da gibt's schon Osterhasen.
Mama: Gib Ruh'!
Kind: Mama, kaufst du mir einen Osterhasen?
Mama: Nein.
Kind: Warum nicht?
Mama: Sei still jetzt.
Kind bringt den Osterhasen und zeigt ihn her.
Kind: Mama, schau, so schön ist der.
Mama: Hinlegen!
Kind: Kauf ihn mir halt!
Mama: Hinlegen, hab ich gesagt.
Kind legt den Osterhasen wieder hin.

Kind: Mama, schau, da gibt's Überraschungseier.
Mama: —
Kind: Mama, schau, die Überraschungseier!
Mama: Wenn du jetzt nicht gleich brav bist, gibt's was!

Und so geht das dann weiter: Das Kind versucht, die Mama auf sich aufmerksam zu machen und Mama ist nicht ansprechbar. Solche Szenen enden oft mit wüstem Geschimpfe oder auch mit einem Klaps für das Kind.

Ähnliches ist nicht nur beim Einkaufen zu beobachten, sondern auch auf der Straße, im Restaurant und eben überall dort, wo sich Eltern mit ihren Kindern aufhalten.

Die Botschaft des Kindes scheint mir unmissverständlich: „Mama, beschäftige dich mit mir, nimm mich zur Kenntnis."

Das ist ein berechtigter Wunsch. Andererseits kann man natürlich durchaus einwenden, dass Kinder es auch schaffen müssen, einmal in den Hintergrund zu treten und die Eltern bei ihrer Beschäftigung nicht zu stören. Genau das ist der springende Punkt: Kinder müssen sehr wohl in der Lage sein, *auch einmal* in den Hintergrund zu treten. Kinder, die ihr Leben aber als Hintergrund verbringen, wollen in erster Linie zur Kenntnis genommen werden und zwar bei jeder – auch bei unpassender – Gelegenheit. Dieser Wunsch kann nur dann vorgetragen werden, wenn die Eltern „greifbar" sind. Deshalb dulden gerade vernachlässigte Kinder es nicht, wenn ihre Eltern mit jemandem sprechen. Sie mischen sich mit allen möglichen Bemerkungen und Fragen ständig ein und treiben so – verständlicherweise – ihre Eltern schier zum Wahnsinn. Sie werden – meist rüde – abgewiesen und wollen nun erst recht bemerkt werden. Deshalb hören sie nicht auf, die Eltern zu stören, sondern gebärden sich immer aufdringlicher, bis es zum Eklat kommt: Schreien, Schimpfen oder vielleicht sogar Schlagen.

Die Eltern scheinen in einem unlösbaren Dilemma zu stecken:

Geben sie ihrem Kind nach, verstärken sie die angewandte

Strategie und ermutigen es, sich auch beim nächsten Mal auf derart lästige Weise in Erinnerung zu bringen.

Beachten sie es aber gar nicht, eskaliert die Sache über kurz oder lang: Das Kind steigert seine Bemühungen, bis es einfach nicht mehr ignoriert werden kann und es kommt zu einem Eklat.

Auch hier ist es nicht mit einfachen pädagogischen Tricks getan, wie: Störendes Verhalten muss man ignorieren und positives Verhalten muss man verstärken.

Vielmehr muss zuerst einmal nach dem Grund dieses Störverhaltens gefragt werden: In Fällen wie dem oben geschilderten kann man davon ausgehen, dass das Kind grundsätzlich zu wenig Beachtung und Zuwendung bekommt. Es fordert durch sein Verhalten nur ein, was es entbehrt. In der konkreten Situation – bleiben wir beim Kontext Supermarkt – gibt es nun folgende Möglichkeiten: Man kann auf das Kind zunächst einmal eingehen. Wenn es aber mit allen möglichen Pseudo-Anliegen kommt, die sichtlich nur ein Vorwand sind, um Aufmerksamkeit zu bekommen, sollte man ihm freundlich und bestimmt sagen, man wolle nun in erster Linie den Einkauf erledigen und es könne einem dabei helfen, indem es möglichst wenig störe. Zu Hause werde man ihm dafür dann noch etwas vorlesen, mit ihm kochen oder was auch immer.

Meistens aber wird das Kind, wenn mit ihm ganz normal geredet wird, sich gar nicht so unerträglich lästig gebärden.

Das oben zitierte Gespräch könnte also auch so verlaufen:

Kind: Mama, schau, da gibt's rote Nudeln.
Mama: Tatsächlich. Weißt du, warum die so rot sind?
Kind: Nein.
Mama: Die sind mit Tomatensaft gefärbt.
Kind: Mama, schau, da gibt's schon Osterhasen.
Mama: Ja, das ist aber ziemlich früh. Es dauert ja noch so lang bis Ostern.

Mama schiebt den Einkaufswagen weiter und das Kind geht daneben her.

Kind: Wie lange dauert es denn noch, bis der Osterhase kommt.

Mama: Ach, das sind noch fünf Wochen, das ist noch 35-mal schlafen, das kannst du dir gar nicht richtig vorstellen. Jetzt müssen wir zu dem Regal da hinten. Ich brauch noch Klopapier. Hilfst du mir schauen?

Kind: Ich schau schon mal, ob ich es finde. Schau, da ist es.

Mama: Das ist ja prima, da hast du mir geholfen.

Kind: Mama, kaufst du mir einen Osterhasen?

Mama: Nein, du weißt doch, dass wir beim Einkaufen nie einfach nur so was Süßes kaufen.

Kind: Warum nicht?

Mama: Weil das nicht gut ist. Dann glauben die Kinder, sie kriegen jedes Mal was und dann werden sie nur quenglig und das macht Ärger. Aber jetzt müssen wir uns wirklich beeilen. Weißt du was, du holst mir jetzt von da vorne noch eine Milch und ich hole die Sahne und dann sind wir fertig.

Kind bringt die Milch und legt sie in den Wagen.

Kind: Jetzt hab ich dir geholfen, gell?

Mama: Ja, richtig tüchtig warst du. Jetzt haben wir daheim auch noch Zeit zum Spielen.

Kinder, die in ihren Eltern oft Gesprächspartner haben, schaffen es viel leichter, auch einmal völlig ruhig und unauffällig zu bleiben, wenn man gerade wirklich gar keine Zeit für sie hat.

Kinder, die aber immer als lästig behandelt oder weggescheucht werden, machen sich natürlich auf ihre Weise bemerkbar.

Das gilt jedoch nicht nur für vernachlässigte Kinder. Pädagogische Fachleute wissen, dass ein und dasselbe Symptom von zwei völlig gegensätzlichen Ursachen ausgehen kann.

Kinder, die ständig die Botschaft senden: „Nimm mich zur Kenntnis!" können entweder vernachlässigt oder verwöhnt sein.

Beim verwöhnten Kind ist der Mechanismus zwar anders, das Ergebnis aber letztendlich das gleiche: Auch sie wollen ständig die Aufmerksamkeit der Erwachsenen.

Während das zu kurz gekommene Kind mit seinem Störverhalten ein wirklich vorhandenes Defizit einklagt, hat das verwöhnte durch ein Zuviel an Zuwendung eine unrealistische Anspruchshaltung aufgebaut und erwartet von den Erwachsenen absolute und ausschließliche Aufmerksamkeit. Es kann nicht ertragen, dass die Mutter sich mit irgendetwas anderem beschäftigt als mit ihm und fordert, fordert, fordert ...

Auch hier ist es die rechte Dosis, die über den pädagogischen Erfolg entscheidet. Das mag auf den ersten Blick vielleicht sehr kompliziert erscheinen. In Wirklichkeit ist es aber sehr einfach. Eltern, die echtes Interesse an der Persönlichkeit ihres Kindes haben, werden sich sicher gerne mit ihm unterhalten und viele dieser Gespräche sogar besonders genießen. Erwachsene können nie so herzerfrischende und umwerfend ehrliche Äußerungen von sich geben wie Kinder. Das ist die eine Seite. Andererseits müssen Kinder auch lernen, dass wir nicht immer und unbegrenzt Zeit für sie haben. Es ist aber ein Unterschied, ob ich mein Kind dauernd aus Desinteresse und Gleichgültigkeit abwimmele und auf keine seiner Bemerkungen eingehe oder ob ich mich prinzipiell gerne und oft mit meinem Kind beschäftige, ihm aber in bestimmten Situationen sage, dass es mich jetzt nicht stören darf.

Meine Tochter bekam sehr viel Zuwendung von beiden Eltern und wir liebten es, uns mit ihr zu unterhalten.

Wenn ich mittags aus der Schule kam, nahm ich mir immer die Zeit, mit ihr zu plaudern und mir alles erzählen zu lassen, was sie am Vormittag bei ihrer Kinderfrau erlebt hatte. Nach dem Essen aber zog ich mich für eine Stunde zurück, legte mich hin und las oder schlief. Das wurde von Maxi vollständig akzeptiert. Oft machte sie in dieser Zeit auch ein Mittagsschläfchen. Wenn nicht, spielte sie allein, schaute Bücher an oder malte. Nach dieser Ruhepause, das war meist gegen 15 Uhr, hatte ich Zeit für sie. Dann spielte ich mit ihr oder wir gingen zusammen zum Einkaufen. Häufig ging sie aber auch zu anderen Kindern oder es kam jemand zu ihr.

Wie auch immer: Sehr früh schon hatte ich meine unangefochtene Erholungspause und das ging sicher nur deshalb so problemlos, weil Maxi zwar genügend Zuwendung und Beachtung fand, aber keineswegs so verwöhnt war, dass sie sich zu einem kindlichen Tyrannen entwickelt hätte.[8]

Eine weitere, für Eltern meist ausgesprochen unbequeme, oft auch peinliche, Variante des „Super-Markt-Syndroms" ist die „Mama-krieg-ich-Tour".

Alle Eltern kennen das: Kinder sehen beim Einkaufen alles Mögliche, was ihnen gefallen würde und fragen, ob sie es bekommen. Dieses Verhalten hängt nicht zusammen mit Defiziten und unerfüllten Bedürfnissen der Kinder, sondern es gehört zur „normalen" kindlichen Entwicklung. Doch auch darin steckt eine Botschaft, die, wenn sie nicht ernst genommen wird, den Eltern sehr viele unangenehme Erlebnisse bescheren kann. Versetzen wir uns einmal in die Lage eines kleinen Kindes: Es wächst hinein in eine Welt mit bestimmten Regeln und Gesetzen, die es aber vorläufig noch nicht kennt und die es handelnd erfährt. Immer, wenn es mit irgendetwas Erfolg hat, heißt das für das Kind auch: Ich kann es wieder tun. Ist etwas mit Misserfolg verknüpft, wird es vielleicht noch ein- oder zweimal probiert. Wiederholen sich aber dann die Misserfolge, wird das Kind wahrscheinlich zu dem Resultat kommen: Das lasse ich lieber sein.

Ein bekanntes Beispiel für dieses handelnde Erfahren ist die Reaktion kleiner Kinder beim Anblick einer Kerzenflamme. Sie sind davon so fasziniert, dass sie unbedingt hineinfassen wollen. Es ist unmöglich, ihnen mit Worten klar zu machen, dass sie das besser unterlassen. Haben sie aber ein-

---

[8] Jirina Prekop, Der kleine Tyrann, München, Kösel Verlag, 1988

mal in die Flamme gefasst und sich weh getan, ist der Wunsch danach schlagartig erloschen. Ein klassischer Fall von Misserfolg.

Natürlich ist die Thematik Erfolg-Misserfolg, die im menschlichen Leben eine gewichtige Rolle spielt, nicht ganz so einfach auf den Punkt zu bringen. Was als Misserfolg erlebt wird, ist bei den einzelnen Menschen sehr unterschiedlich. Misserfolge können genauso gut ein Ansporn sein zu noch größerer Anstrengung. Beim schulischen Lernen und später im Berufsleben ist auch die Frustrationstoleranz von Bedeutung: Etwas klappt nicht sofort und ich versuche es trotzdem noch ein oder mehrere Male.

Gerade bei kleineren Kindern ist aber vieles noch einfach und überschaubar. In den ersten Lebensjahren werden Verhaltensmaximen aufgebaut, die sich oft erst später als nützlich oder verhängnisvoll erweisen.

Kehren wir zurück zu unserer Szene im Supermarkt. Kinder sehen vieles, was ihnen begehrenswert erscheint.

Da die Mutter alle möglichen Gegenstände in den Einkaufswagen legt, ist es nur zu verständlich, wenn das Kind der Meinung ist, das könne es auch. Sehen Eltern hier nur den konkreten Einzelfall und nicht die Gesetzmäßigkeit, die damit verbunden ist, werden sie sich für die Zukunft viele Unannehmlichkeiten einhandeln. Natürlich ist es für das Familienbudget nicht von Belang, ob auch noch eine Süßigkeit für 50 Pfennige zum Einkauf dazu kommt.

Das Kind erprobt aber mit seinem Versuch, wie weit sein Handlungsspielraum reicht. Legt es also ein Päckchen Bonbons in den Wagen, dann heißt die implizit damit verbundene Frage nicht: Kann ich dieses Päckchen Bonbons haben?, sondern vielmehr: Bekomme ich immer sofort das, was ich haben will?

Die Botschaft, die hier im Raum steht, kommt von den Eltern.

Entweder signalisieren sie dem Kind ihre Zustimmung, die dann meist weitreichende Folgen hat, weil daraus sehr schnell ein Anspruch entsteht, oder sie stecken von Anfang an die Grenzen ab. Das ist zwar momentan nicht so bequem, macht sich aber im weiteren Verlauf der Kindheit mehr als bezahlt.

Weil Konsumwünsche nun aber äußerst mächtig sind, genügt es sicher nicht, ein- oder zweimal etwas zu versagen, um die Grenzen für immer fest abzustecken.

Es bedarf dazu wahrscheinlich einiger Schlüsselerlebnisse für die Kinder.

Meine Tochter Maxi hatte deren genau drei, dann war für sie die Sache klar: Die Regeln für den Konsum werden von Mama und Papa bestimmt.

Die im folgenden geschilderten Szenen werden vielen Eltern bekannt vorkommen, denn sie haben etwas „Archetypisches".

Maxi war daran gewöhnt, dass sie beim Einkaufen nie spontan etwas bekam. Ich fühlte mich deshalb auch nicht als Rabenmutter, denn ich kann bis heute nicht einsehen, warum es Kindern besser gehen sollte, wenn sie spontan alles Mögliche bekommen, was ihnen gerade ins Auge sticht. Ob wir gute oder schlechte Eltern sind, hängt nicht von einem zusätzlichen Überraschungsei oder einem auf die Schnelle gekauften Spielzeug ab.

Das Terrain war eigentlich abgesteckt. Maxi kannte ihre Grenzen und akzeptierte sie zunächst.

Gerade im Alter von etwa drei Jahren wollen Kinder jedoch diese Grenzen erproben. Außerdem sind Konsumwünsche – wie bereits gesagt – sehr mächtig. So kam es also auch bei unserem Kind zu einigen Szenen, die unser Durchhaltevermögen auf die Probe stellten.

Die erste davon ereignete sich in der Buchhandlung. Bücher spielen bei uns eine wichtige Rolle. Die Familienbibliothek ist sehr umfangreich. Maxi bekam „von kleinst auf" regelmäßig erzählt und vorgelesen und hatte mit einigen Jahren bereits selbst eine stattliche Sammlung von Büchern. Hatte ich in der Buchhandlung zu tun, begleitete sie mich gerne. Oft kaufte ich auch etwas für sie. Wir gingen dann anschließend meist ins Kaffeehaus und schauten das neue

Buch gleich an. So war es für sie durchaus nicht ungewöhnlich, in der Buchhandlung etwas zu bekommen.

Eines Tages erregte ein Bilderbuch ihre besondere Aufmerksamkeit. Sie blätterte darin und es schien ihr ausnehmend gut zu gefallen. Als ich meine Einkäufe bezahlte, streckte sie es mir hin und sagte: „Mama, das hätt ich auch mal!"

„Das hätt ich" verwendete sie als kleines Kind immer für: „Das hätte ich gerne."

Ich schaute mir das Buch an, bestätigte ihr, dass es wirklich sehr schön sei und bat sie, es wieder ins Regal zu stellen.

Sie beharrte jedoch auf ihrem Wunsch und wiederholte etwas dringlicher: „Aber das hätt ich!"

Darauf erklärte ich ihr freundlich und geduldig – ich konnte ihren Wunsch ja nur zu gut verstehen! – das sei nicht möglich, denn ich hätte nicht genug Geld, um ihr alles zu kaufen, und dieses Buch koste immerhin 25 Mark.

So ging es eine ganze Weile hin und her. Maxi presste das Buch an sich, wiederholte viele Male: „Aber ich hätt's doch!" Schließlich begann sie jämmerlich zu schluchzen. Sie tat uns allen Leid: nicht nur mir, sondern auch den Verkäuferinnen in der Buchhandlung. Ich war sehr lieb und verständnisvoll mit ihr, gab aber nicht nach und so wurde aus Maxis lautem Schluchzen langsam ein leises Jammern. Schließlich gab sie das Buch her und wir verließen die Buchhandlung. Wir setzten dann unseren Einkaufsbummel fort. Maxis Verzweiflung legte sich und sie war bald wieder so munter wie eh und je. Abends erzählten wir ihrem Papa von dem wunderschönen Buch und vereinbarten, es das nächste Mal, wenn wieder der Kauf eines Buches auf dem Programm stehe, zu erwerben.

Ein zweites Mal machte Maxi bei einem Einkauf im Edeka-Laden einen Vorstoß. Da ging es um ein buntes Päckchen mit irgendwelchen Süßigkeiten. Auch hier kam es zu einer Szene an der Kasse, die ich allerdings schneller beenden musste als die in der Buchhandlung. So nahm ich ihr trotz ihres Protestes das entsprechende Päckchen aus der Hand, legte es zur Seite und bezahlte den Rest. Maxi brüllte. Ich sagte zur Geschäftsinhaberin: „Es tut mir Leid, dass wir hier ein solches Gebrüll verursachen, aber ich will mit diesem Terror beim Einkaufen einfach nicht anfangen, sonst geht das jedes Mal so." Diese, die immerhin sechs Kinder großgezogen hatte, sagte ganz verständnisvoll: „Da haben sie wirklich Recht. Wenn nur mehr Eltern so vernünftig wären. Die meisten lassen sich von ihren Kindern erpressen."

Dieses Mal verließ ich mit einem lauthals brüllenden Kind das Geschäft. Ich erklärte Maxi noch einmal kurz und entschieden, aber nicht verärgert, es komme gar nicht in Frage, dass wir „einfach so" alles Mögliche kauften. Dann fuhren wir nach Hause und bald war Maxis Welt wieder in Ordnung. Sie hatte sichtlich keinen Schaden gelitten, ganz im Gegenteil.

Zu einem dritten und letzten Eklat – dann war dieses Thema endgültig erledigt – kam es bei einem unserer häufigen Ausflüge nach Salzburg. Kurz zuvor war mein Mann mit Maxi und ihrem Großvater ebenfalls dort gewesen. Der Opa hatte seiner Enkelin eine Fahrt im Fiaker spendiert. Ich war damals gerade verreist gewesen und bekam hinterher von Maxi begeistert erzählt, wie toll so eine Kutschenfahrt sei.

Sie war nun – wie sich beim nächsten Salzburgbesuch zeigte – offensichtlich der Meinung, das gehöre ab jetzt dazu und wir würden jedes Mal mit dem Fiaker fahren. Als wir ihr begreiflich machen wollten, so etwas sei eine Ausnahme und nicht die Regel, insistierte sie. Sie wollte Fiaker fahren. Wir sagten nein. Sie insistierte immer heftiger und warf sich schließlich – es war ein Samstagnachmittag – in der sehr belebten Sigmund-Haffner-Gasse, mitten in der Salzburger Innenstadt, schreiend auf den Boden. Das sind sicher die Szenen, die zu elterlichen Alpträumen gehören. Mein Mann und ich waren uns Gott sei Dank in Erziehungsangelegenheiten immer einig. Außerdem hatten wir das Thema „Konsumverhalten" bereits eingehend reflektiert und diskutiert. Eines schwebte uns beiden ganz entschieden nicht vor: uns durch kindliches Störverhalten erpressen zu lassen.

So atmeten wir erst einmal tief durch: Wir hatten ja inzwischen bereits gehöriges Aufsehen erregt.

Sicher hätten wir die ganze Szene schlagartig beenden können, wenn wir einer Fiakerfahrt zugestimmt hätten. Aber kann man so etwas wirklich verantworten? Was wird dem Kind denn da übermittelt?

Es bekommt die Botschaft,

- dass es Macht über seine Eltern ausüben kann
- dass seine Eltern seinem Störverhalten gegenüber hilflos sind
- dass es Konsumwünsche auch gegen den Willen der Eltern durchsetzen kann
- dass seine Eltern erpressbar und manipulierbar sind.

Stellen wir uns einmal vor, in welcher Atmosphäre eine auf diese Weise erpresste Kutschenfahrt abgelaufen wäre: Wir als Eltern hätten uns miserabel und schwach gefühlt, wären sicher auf unser Kind schlecht zu sprechen gewesen, hätten es vielleicht geschimpft oder unfreundlich behandelt und das alles wäre nichts weniger als erfreulich gewesen.

Es ist sicher leicht einzusehen, dass es keinem Kind gut tun kann, wenn es solche Erfahrungen macht.

Andererseits bedarf es von Seiten der Eltern schon einigen Standvermögens, sich hier zu behaupten. Das schafft man meines Erachtens nur, wenn einem die weitreichende Bedeutung solcher Szenen bewusst ist. Wir waren uns also einig und fanden unser Kind wichtiger als die Leute auf der Straße, die übrigens auch wieder sehr verständnisvoll reagierten. Als mein Mann und ich mit vereinten Kräften unser lauthals brüllendes Kind vom Asphalt „pflückten", einer an den Beinen, einer an den Armen, ging gerade ein Paar, deutlich älter als wir, vorüber. Die Frau sagte mitfühlend: „Ach ja, das kennen wir auch!"

Wir trugen Maxi dann zum Auto und machten uns auf den Heimweg. Das war aber gar nicht das, was sie wollte. Als ihr aufging, dass ihr Verhalten nicht nur keine Kutschenfahrt, sondern sogar den vorzeitigen Aufbruch aus Salzburg zur Folge hatte, jammerte sie leise – unterbrochen von vereinzelten Schluchzern – vor sich hin: „Ich will aber noch ins Fitzhaus, ich will aber noch ins Fitzhaus!" Fitzhaus – so nannte sie damals ein Wirtshaus.

Und ein „Fitzhausbesuch" gehörte als fester Bestandteil des Programms immer dazu, wenn wir in Salzburg waren.

Damit war es dieses Mal nichts.

Mein Mann und ich waren aber trotz des verpatzten Ausfluges sehr froh, so konsequent gehandelt zu haben. Nach diesem Vorfall gab es nie mehr ein Problem mit irgendwelchen Konsumwünschen.

Resümee

Beide hier geschilderten Ausprägungen kindlichen Störverhaltens haben eines gemeinsam: Sie können – je nach dem Umfeld, in dem sie sich ereignen – von Eltern durchaus als peinlich empfunden werden.

Das eine Mal handelt es sich um ein im Grunde berechtigtes kindliches Bedürfnis: zur Kenntnis genommen zu werden. Je weniger dieses Bedürfnis grundsätzlich beachtet und befriedigt wird, desto mehr wird es sich gerade dann zeigen, wenn es ungelegen kommt oder wenn die Eltern ihm bis zu einem gewissen Grad hilflos ausgeliefert sind: in der Öffentlichkeit.

Wenn Eltern sich dieses Bedürfnis und seine Berechtigung bewusst machen, werden sie auch viel besser damit umgehen können.

Anders ist es mit den kindlichen Konsumwünschen: Natürlich braucht ein Kind auch Spielsachen, Bücher und andere Besitztümer, die nur ihm gehören. Sich aber darauf einzulassen, Konsumwünsche sofort zu befriedigen, wird sehr bald dazu führen, dass Eltern in einem Teufelskreis gefangen sind. Hier ist es wichtig, einerseits Verständnis für die kindlichen Wünsche aufzubringen. Verständnis heißt in meinen Augen nicht, sie zu erfüllen, sondern ihr Vorhandensein zu akzeptieren. Es ist ja nichts von vornherein Schlechtes, irgend etwas haben zu wollen.

Erwachsene haben ebenfalls alle möglichen Wünsche, die verständlich sind, die aber auch nicht immer auf Anhieb erfüllt werden können. Dass es allerdings selbst ihnen immer schwerer fällt, auf die Erfüllung von Wünschen auch einmal zu warten oder sie sich vielleicht ganz zu versagen, zeigt sehr beredt die Entwicklung der privaten Schuldenkonten. Erst neulich las ich in der Zeitung, immer jüngere Menschen würden sich bereits auf zu hohe Kredite einlassen und inzwischen seien bereits viele der 25- bis 30-Jährigen hoffnungslos überschuldet.[9]

Kindliche Wünsche sind durchaus verständlich – das ist also die eine Seite.

Andererseits ist es sehr verhängnisvoll, wenn Eltern sich hier manipulieren oder erpressen lassen. Verhängnisvoll ist es für beide Teile: Die kindlichen Ansprüche bleiben nicht immer in der Größenordnung von einer Tüte Gummibärchen oder einem Eis. Sie werden sehr schnell größer. Aus meiner Zeit als Hauptschullehrerin kann ich mich noch gut an eine bestimmte Mutter erinnern, die sich und ihr Kind alleine durchbringen musste und alle möglichen zusätzlichen Arbeiten zu ihrem eigentlichen Beruf annahm, um ihrem Sohn die ausgefallensten Sonderwünsche zu erfüllen. Irgendwann blieb jedoch auch ihre Finanzierungsfähigkeit auf der Strecke. Das war, als ihr Sohn im Alter von 21 Jahren seinen zweiten BMW zu Schrott gefahren hatte und ein neues Auto forderte. Sie konnte dieser Forderung nicht nachkommen, weil sie noch die beim letzten Autokauf gemachten Schulden abzahlen musste. Daraufhin brach ihr Sohn den Kontakt zu ihr zunächst einmal ab. Er zeigte keine Spur von Dankbarkeit für die vielen Opfer, die seine Mutter ihm sein ganzes Leben lang gebracht hatte, sondern war empört und ohne jedes Verständ-

---

[9] Traunsteiner Tagblatt vom 20.5.2000

nis dafür, dass ihm nun zum ersten Mal ein Wunsch abgeschlagen wurde.

Elterliche Inkonsequenz und Nachgiebigkeit müssen zwar nicht immer so schlimm enden. Dennoch ist es auf alle Fälle besser, wenn Kinder die Erfahrung machen, dass ihnen nicht jeder Wunsch erfüllt werden kann.

Herzi – das Musterbeispiel des verwöhnten Kindes

Es ist wunderbar, wenn Eltern ihre Kinder lieben. Das ist es, was alle Menschen – unabhängig von ihrem Alter – brauchen: andere Menschen, die sie genauso lieben, wie sie sind.

Elterliche Liebe darf aber nicht verwechselt werden mit Vergafftheit, mit kritikloser Blindheit und hemmungsloser Verzärtelung.

Kinder brauchen Aufmerksamkeit, Zuwendung, Zärtlichkeit, aber genauso feste Grenzen, Konsequenz und liebevolle Strenge.

Besteht Erziehung überwiegend aus einem Forderungskatalog, ist das in vielen Fällen schädlich für das Selbstwertgefühl und oft auch für die Leistungsmotivation. Wachsen Kinder im Treibhausklima übergroßer elterlicher Aufmerksamkeit und grenzenloser Akzeptanz auf, so führt das meiner Erfahrung nach immer zu überhöhten Ansprüchen an die Eltern und zu einer äußerst geringen Bereitschaft, irgend etwas zu leisten oder sich anzustrengen.

Es ist aber auch hier nicht so schwer, wie es vielleicht aussieht, das richtige Maß zu erkennen: Jeder vernünftige Mensch kann unterscheiden zwischen Liebe und Vergafftheit. Wenn ich vorbehaltlos alles, was mein Kind macht, genial und grandios finde, dann sollte ich meine Einstellung überdenken. Es ist vielleicht doch nicht kreativ, sondern einfach nur ungezogen, wenn Kinder Möbel oder Wände mit Buntstiften verschmieren, beim Essen Fleischstücke über den Tisch katapultieren oder Seiten aus Bilderbüchern reißen.

Und so sehr es für Kinder wichtig ist, dass ihre Leistungen zur Kenntnis genommen und anerkannt werden, so sehr schadet es ihnen aber auch, wenn man sie ständig überschätzt und in jeder noch so gewöhnlichen Handlung oder Äußerung ein Zeichen ihrer Besonderheit, ihrer Begabung und Intelligenz erblickt.

Dass so etwas Kinder in ihrer Entwicklung durchaus hemmen kann, erlebte ich vor einigen Jahren an Katharinas Beispiel.

Als Katharina eingeschult wird, ist sie ein etwas pummeliges, ganz niedliches, aber in keiner Hinsicht außergewöhnliches Mädchen. Sie ist weder besonders hübsch, noch besonders wortgewandt, geschickt oder intelligent. Die Mutter, eine recht fesche Frau von ca. 40 Jahren, ist auffallend geschmackvoll, schick und teuer gekleidet.

Bald schon kommt sie in meine Sprechstunde, um mich, wie sie sagt, über einiges zu informieren, was ich als Lehrerin wissen solle. Sie habe, erzählt sie, Katharina bekommen, als ihre Ehe eigentlich schon gescheitert war. Das Kind habe die Trennung von ihrem Mann nur beschleunigt und sie sei die ganzen Jahre allein mit ihm gewesen. Nun habe sie seit kurzem wieder einen Lebensgefährten, der von ihrer Tochter begeistert sei.

Am begeistertsten aber, so scheint mir, ist die Mutter von ihrer Tochter. Gerade angesichts der besonderen Umstände ist das zwar gut zu verstehen. Ob aber Herzi, wie sie von ihrer Mutter liebevoll gerufen wird, wirklich all das bietet, was in sie hinein interpretiert wird, scheint mir sehr fraglich.

Im Unterricht jedenfalls glänzt sie nicht. Sie hat sehr viele altkluge Sprüche auf Lager und redet manchmal wirklich ganz drollig daher. Weil sie mit ihrer Naseweisheit bei Erwachsenen offensichtlich Erfolg hat, verlegt sie sich mehr darauf als auf natürliches, kindgemäßes Verhalten.

Bei den anderen Kindern kommt sie damit nicht so gut an. Das merkt sie und gibt sich daraufhin weniger gekünstelt und allürenhaft. Da sie gutartig und verträglich ist, wird sie akzeptiert, darf mitspielen und fühlt sich unter ihren Mitschülern auch wohl.

Es zeigt sich allerdings bald, dass sie beim Lernen bequem ist und wenig Leistungsbereitschaft besitzt. Sie meldet sich zwar und weiß zu allen möglichen Themen etwas zu sagen. Sowie es aber an ernsthaftes und ausdauerndes Arbeiten geht, wird sie lustlos, schaut in die Luft und braucht selbst bei den einfachsten Aufgaben sehr lange. In den Freiarbeitszeiten holt sie sich mit Vorliebe Leseblätter. Beim Lesen macht sie zunächst die schnellsten Fortschritte. Doch auch hier kommt sie später, als die Texte länger und komplizierter werden, an ihre Grenzen.

Beim Schreiben gibt sie sich zwar einigermaßen Mühe. Als wir jedoch gegen Ende der ersten Klasse mit gezielten Rechtschreibübungen anfangen, ist ihr das wohl zu anstrengend, denn sie arbeitet niemals, wie die anderen Kinder, von alleine in der freien Arbeit an ihren Wörterlisten. Deshalb bekommt sie die Rechtschreibübungen von mir einfach verordnet. Es fällt ihr leicht, sich Wortbilder zu merken und so erzielt sie mit sehr geringem Aufwand einige Erfolge. Das wiederum gefällt ihr, noch dazu, wo sie von ihrer Mutter für jeden fehlerlosen Hefteintrag überschwänglich gelobt wird.

Das Fach, in dem ihre Bequemlichkeit ihr von Anfang an deutlich schadet, ist Mathematik. Katharina will das Rechenmaterial nicht benutzen. Es ist ihr einfach zu viel Aufwand, Plus- oder Minusaufgaben zu legen. Sowie ich nicht aufpasse, zählt sie die Ergebnisse einfach an den Fingern ab und drückt sich vor dem Auslegen und Sortieren der Rechenplättchen.

Dabei entwickelt sie trickreiche Strategien, um ein Zuviel an Arbeit zu umgehen. Aufgaben vom Typ 3 + ___ = 9 löst sie nicht, wie wir es gelernt haben, nämlich, indem 9 Wendeplättchen mit der roten Seite nach oben ausgelegt und 3 davon dann auf die blaue Seite gedreht werden, so dass man deutlich sieht: von 3 auf 9 sind es 6 Plättchen.

Nein, Katharina zählt von der Zahl 3 aufwärts bis 9 und benutzt dabei die Finger: 4 – erster Finger, 5 – zweiter Finger. Um von 3 bis 9 zu kommen, braucht sie 6 Finger und hat somit auch das Ergebnis, auf schnelle und bequeme Weise, allerdings ohne Einsicht in mathematische Zusammenhänge.

Als ich bei einem weiteren Gespräch der Mutter meine Befürchtungen mitteile, Katharina werde, wenn sie jeder Anstrengung ausweiche, keine nennenswerten Fortschritte machen und dann hinter ihren Mitschülern zurückbleiben, sieht diese die Sache ganz anders. Katharinas Bequemlichkeit wird als besondere Intelligenz ausgelegt. Sie sei eben so clever, immer den kürzesten Weg für alles herauszufinden und könne nicht einsehen, warum sie Rechnungen auf so umständliche Weise mit Material lösen solle, wenn sie das doch viel einfacher und schneller könne. Und bei Katharina müsse es eben für alles einen guten Grund geben. Sie sei so ein Kind, das alles hinterfrage. An diesem Punkt wird mir klar, dass es keinen Sinn hat, der Mutter klarzumachen, dass ihre Tochter sicher nicht dumm, aber auch bei weitem nicht so klug sei, wie sie ihr erscheine. Katharinas Verhalten sagt mir nur allzu deutlich, was dahinter steckt. Es ist eine Botschaft, die man ungefähr so in Worte fassen könnte:

Ich habe mich noch nie in meinem Leben für irgend etwas anstrengen müssen. Immer bin ich bewundert worden. Da werde ich mich doch in der Schule nicht genauso plagen wie alle. Das geht viel einfacher.

In der ersten Klasse ist diese Strategie allem Anschein nach erfolgreich. Katharina kann sich mit sehr wenig Arbeit durchmogeln und hat dabei noch die volle Anteilnahme ihrer Mutter, weil sie am Nachmittag extrem lange über den Hausaufgaben sitzt. In der zweiten Klasse beginnen sich die Defizite langsam deutlicher zu zeigen:

- Wenn eine Geschichte zuerst gelesen und anschließend anhand von Fragen bearbeitet werden soll, schafft sie nur einen Bruchteil der Arbeit in der zur Verfügung stehenden Zeit.
- Ihre Aufsätze sind sehr kurz, sprachlich einfach und dürftig gestaltet.
- Im Rechtschreiben macht sie unnötige Fehler, einerseits aus mangelnder Sorgfalt, andererseits, weil die konsequente Übung fehlt.
- Im Rechnen hat sie bei den Aufgaben im Hunderterraum größte Probleme. Sie beherrscht das Auffüllen auf den

nächsten Zehner nicht, hat die Grundaufgaben nicht auswendig im Kopf und braucht für alles viel zu lange.

- Besonders auffällig werden die Rechendefizite, als wir mit den Einmaleinsreihen anfangen. Sie lernt die Aufgaben nicht auswendig, braucht also beim Rechnen viel Zeit, weil sie jedes Mal erst nachdenken muss.

Von den Ergebnissen der Probearbeiten ist die Mutter nun auch enttäuscht. Sie sieht aber keinen Zusammenhang zwischen den mäßigen Leistungen Katharinas und ihrer Bequemlichkeit oder der Überschätzung ihrer Begabung.

Vielmehr kommt sie nun zu der Auffassung, es sei einfach zu viel, was in der Schule verlangt werde.

Es ist ihr sichtlich nicht möglich, ihr Kind etwas nüchterner zu betrachten und sich der Erkenntnis zu stellen, dass sie von ihrer Tochter recht geschickt manipuliert wird. Katharina zieht alle Register, um dem drohenden Gespenst „Arbeit und Anstrengung" auszuweichen.

Überdeutlich wird das gegen Ende der zweiten Klasse anlässlich eines konkreten Vorfalls:

Wir wiederholen gründlich das Addieren und Subtrahieren von zweistelligen Zahlen im Hunderterraum. Die Kinder bekommen dazu eine Hausaufgabe, die von Katharina nicht erledigt wird. Ich schreibe ihr ins Heft, sie solle das bis zum nächsten Tag nachholen. Doch sie „vergisst" es am nächsten und auch am übernächsten Tag. Da sage ich zu ihr: „Weißt du was, da ist es doch am einfachsten, du bleibst heute nach der Schule noch eine halbe Stunde länger und erledigst das gleich, dann brauchst du daheim nicht mehr dran zu denken."

Ich rufe die Mutter an und sage ihr das. Sie ist einverstanden.

Wie erstaunt bin ich, als sie bei Schulschluss dann trotzdem kommt. Sie wolle das nur kurz mit Katharina besprechen, meint sie. Diese, die vor einer Minute noch fröhlich wie eine Lerche war, bereits ihre Rechensachen an ihrem Platz hergerichtet hat und nur noch darauf wartet, dass ihre Mitschüler gehen und das Zimmer leer wird, bekommt von einer

Sekunde auf die andere beim Anblick ihrer Mutter ein weinerliches Gesicht, läuft auf sie zu, ruft „Mami" und wirft sich in ihre Arme. Ich bitte meine Kollegin, meine Schüler zum Schulbus zu bringen und gehe gleich ins Klassenzimmer. Dort erlebe ich eine kabarettreife Szene, die mir vor allem deshalb so grotesk erscheint, weil ich ja noch unmittelbar vorher ein ganz anderes Kind gesehen habe. Zwischen Mutter und Tochter entwickelt sich folgender Dialog, in den ich dann auch involviert werde:

Mutter:	Herzi, hast du deine Hausaufgabe nicht gemacht?
Katharina:	Die war so schwer.
Mutter:	Herzi, hast du sie deshalb nicht gemacht, weil sie dir zu schwer war?
Katharina:	nickt
Mutter:	Soll dir die Mama dabei helfen?
Katharina:	nickt
Mutter:	Herzi, die Frau Buchner meint, du sollst die Rechnungen in der Schule nachmachen. Willst du dableiben zum Rechnen?
Katharina:	schüttelt den gesenkten Kopf sehr heftig
Mutter:	Herzi, willst du das lieber daheim nachmachen?
Katharina:	nickt heftig
Mutter zu mir:	Das können wir doch auch daheim nachmachen.
Ich:	Dazu hätte sie doch drei Tage Gelegenheit gehabt und sie hat die Hausaufgabe nicht nachgeholt. Ich meine, sie sollte schon sehen, dass sie das nicht unbegrenzt machen kann.
Mutter:	Aber sie will's doch nicht hier machen. Herzi, willst du die Rechnungen in der Schule machen?
Katharina:	schüttelt wieder heftig den Kopf.
Mutter:	Sehen sie, sie will nicht. Herzi, versprichst du mir, dass du das daheim gleich machst?
Katharina:	nickt
Ich:	Frau D., fallen sie nicht auf Katharina herein. Sie will sich jetzt einfach vor der Konsequenz ihrer

	Bequemlichkeit drücken. Wenn sie ihr da nachgeben, erweisen sie ihr einen schlechten Dienst.
Mutter:	Herzi, du hast gehört, was die Frau Buchner sagt. Das ist doch nicht so schlimm, wenn du jetzt die Rechnungen nachmachst.
Katharina:	Doch!

Mutter schwankt sichtlich, was zu tun ist.

Ich:	Frau D., lassen sie sich jetzt nicht erweichen. Es passiert Katharina doch nichts. Sie macht ihre Aufgaben nach und in einer halben Stunde holen sie sie ab. Dann haben sie am Nachmittag keinen Ärger mit ihr und sie kann ihre Freizeit genießen.
Mutter:	Also, Herzi, ich geh jetzt. Das schaffst du schon.

Katharina wirft sich noch einmal dramatisch der Mutter um den Hals und küsst sie ab.

Kaum sind wir beide allein, setzt sie sich munter an ihre Arbeit und ist nach zehn Minuten fertig. Bis die Mutter wiederkommt, hat sie noch ein Bild gemalt, das sie mir schenkt, und in einem Buch gelesen. Sie ist bester Dinge und verzieht auch nur kurz das Gesicht zur Leidensmiene, als sie gefragt wird, wie's war, sagt aber dann: „Gar nicht schlimm!"

Daraufhin wird sie von ihrer Mutter sehr gelobt und die beiden ziehen zufrieden ab.

Wie geht es mit Katharina weiter?

Nach diesem Erlebnis war mir klar, dass Katharina und ihrer Mutter nicht zu helfen war. Mir tat es deshalb Leid, weil eigentlich alle Voraussetzungen vorhanden gewesen wären, um das Kind seinen Anlagen entsprechend zu fördern: Die Mutter hatte ihre Tochter von Herzen lieb, nahm sich Zeit für sie, war auch finanziell unabhängig. Katharina war ein durchaus gut begabtes Kind, das bei etwas mehr Anstrengungsbereitschaft eine erfolgreiche Schülerin gewesen wäre.

Dadurch, dass von ihr nie etwas verlangt worden war, erlebte sie die Anforderungen der Schule natürlich als sehr hoch.

Nun ist Katharinas Fall bei weitem nicht schlimm ausgegangen, aber doch unbefriedigend. Sie schaffte nach der vierten Klasse mit Mühe – unterstützt durch zahlreiche Nachhilfestunden – den Übertritt auf das Gymnasium, konnte sich aber dort nur zwei Jahre halten und wechselte dann auf die Realschule. Ob sie dort einen Abschluss schaffen wird, ist noch nicht sicher. Bestimmt haben ihr aber die beiden Gymnasialjahre gezeigt, dass ohne Anstrengung schulisch keine Erfolge zu ernten sind.

Resümee

Von Kindern zu früh schon alle möglichen Leistungen zu verlangen, schadet ihnen auf die eine oder andere Weise sicher, das haben wir an Nataschas Fall gesehen.

Wenn Kinder jedoch zu sehr unter eine Glasglocke gestellt werden, können sie keine Lebenstüchtigkeit erlangen. Forderungen müssen sein. Sie sollen behutsam aufgebaut werden und dem Alter der Kinder angemessen sein.

Wer geliebt und akzeptiert wird, fühlt sich eher wertvoll als jemand, der primär Ablehnung erlebt.

Auch das Bewusstsein, etwas geleistet zu haben, ist positiv für das Selbstwertgefühl. Wer bereits für jede läppische Kleinigkeit über die Maßen gelobt wird, ist auf seine Leistung sicher nicht so stolz wie jemand, der sich Lob und Anerkennung durch gehörige Anstrengung wirklich verdient hat. Natürlich ist vieles, was Erwachsenen als unbedeutend erscheint, für Kinder eine beachtliche Leistung. Und es hat bestimmt noch keinem Kind geschadet, wenn es einmal ein vielleicht eher überflüssiges Lob eingeheimst hat. Es kommt auf die grundlegende Richtung an: Ein Erstklässler verdient sicher für ordentlich gemalte Buchstaben ein Wort der Anerkennung. Wenn er aber in der zweiten Klasse immer noch nicht mehr kann als einzelne Buchstaben ordentlich auf das Papier zu bringen, dann genügt das nicht mehr.

Ihn dafür immer noch überschwänglich zu loben, wäre übertrieben und kontraproduktiv, würde es ihm doch zeigen, dass er sich gar nicht anzustrengen braucht, weil seine Leistung offensichtlich ausreichend ist.

Lob und Anerkennung können die Motivation für weitere Anstrengungen sein, sie können aber auch – im Übermaß und am falschen Ort – Bemühungen zum Erliegen bringen.

Wir haben es bei Katharina gesehen: Sie handelte offenbar nach der Devise: Wozu soll ich mich noch anstrengen, wenn ich ohne Anstrengung auch alles bekomme?

Auch hier ist die rechte Dosis wieder der Schlüssel zum Erfolg. Und diese rechte Dosis herauszufinden ist dann kein Kunststück für Eltern, wenn sie ihre Kinder beobachten, bewusst mit ihnen umgehen und sich für sie interessieren.

Eines muss Eltern klar sein:

Nichts ist so schädlich für Kinder wie fehlende Anteilnahme und Desinteresse.

In dem pädagogischen Klassiker „Erziehungspsychologie" des Professorenehepaares Tausch sind Versuche zur Leistungsmotivation zitiert:[10]

Es wurden für einen begrenzten Zeitraum drei Gruppen gebildet, die verschiedene Aufgaben bekamen. In jeder Gruppe reagierten die Lehrer auf bestimmte Weise.

In einer Gruppe wurden die Schüler für jedes Ergebnis gelobt, in der zweiten Gruppe wurden sie für jedes Ergebnis getadelt und in der dritten Gruppe bekamen sie überhaupt kein Feedback.

Welche Gruppe erbrachte wohl die schlechtesten Leistungen?

Vielleicht haben Sie es sich schon gedacht: Es waren die Schüler, deren Leistungen überhaupt nicht gewürdigt und zur Kenntnis genommen wurden.

---

[10] Reinhard und Annemarie Tausch, Erziehungspsychologie, Göttingen, Hogrefe-Verlag für Psychologie, 1991

Selbst die andauernd getadelte Gruppe erbrachte bessere Ergebnisse. Am besten schnitt jedoch die gelobte Gruppe ab.

Das ist in diesem Kontext auch logisch: Von dieser Gruppe war ja durchaus eine altersadäquate Leistung verlangt worden. Das Lob erfolgte nicht ohne Grund, sondern wegen dieser Leistungen. Das wiederum bildete den Ansporn für weitere Anstrengungen.

Es muss allerdings bedacht werden, dass der Versuch nur über einen begrenzten Zeitraum durchgeführt wurde. Wäre es jahrelang so weitergegangen, dass die eine Gruppe, unabhängig von der Qualität ihrer Arbeit, immer nur gelobt worden wäre, hätte das langfristig sicher zu einem Absinken der Motivation im Sinne von Katharinas Devise geführt: Was soll ich mich denn da noch anstrengen!

In dem gleichen Werk sind auch noch andere experimentelle Ergebnisse zitiert, die belegen, dass langfristig die stabilste Leistungsmotivation erzielt werden kann, wenn viel, aber nicht nur, gelobt wird. „Intermittierende Verstärkung" heißt das in der pädagogischen Fachsprache und meint: Viel Lob, aber mit gewissen Pausen dazwischen, in denen durchaus auch etwas kritisiert werden darf.

Und damit sind wir wieder bei der richtigen Dosis, die bei allen unseren Erziehungsmaßnahmen so entscheidend für den Erfolg ist.

Hätte Katharinas Mama ihr Lob etwas klüger dosiert und vielleicht auch einmal etwas an ihrem Kind nüchtern und objektiv gesehen, vielleicht auch kritisiert, wäre beiden, Mutter und Kind, später so manche Enttäuschung erspart geblieben.

Will Lena wirklich nicht lernen?

Mütter, die ihre Kinder allein erziehen, verdienen jede Unterstützung, denn sie tragen mehr als die doppelte Belastung einer „normalen" Mutter. Sie stehen nicht nur allein mit allen Sorgen und Problemen, sondern sie müssen darüber hinaus auch oft noch erheblich zum Unterhalt der kleinen Familie beitragen.

Trotzdem schaffen es viele Frauen, sich ordentlich um ihre Kinder zu kümmern, eine liebevolle Mama zu sein – weder verwöhnend noch vernachlässigend – und den großen Anforderungen ihrer Situation gerecht zu werden.

Auch Lenas Mutter scheint eine von den Frauen zu sein, die trotz engagierter beruflicher Tätigkeit nicht nur Zeit für ihr Kind aufbringen, sondern es auch sorgfältig und nach vernünftigen Prinzipien erziehen.

Sie arbeitet als Ärztin im Krankenhaus. Für Lenas Betreuung ist außer ihr noch eine Tagesmutter zuständig.

Lena ist für eine Erstklässlerin klein. Ihre wachen Augen und die gescheiten Antworten, die sie gibt, zeigen aber gleich deutlich, dass sie sehr wohl ein Schulkind ist. Sie kann schon sehr viel, als sie eingeschult wird. Unter anderem liest sie bereits selbständig. So findet sie von Anfang an in unserem Freiarbeitsregal allerhand, um sich zu beschäftigen, macht aber trotzdem auch immer interessiert mit, wenn wir Buchstaben lernen, Geschichten dazu erzählen, Verse aufsagen und Bilder malen. Ich habe den besten Eindruck von ihr. So wundere ich mich zunächst, als die Mutter mich eines Abends anruft und sichtlich verlegen sagt, sie sei sich nicht sicher, ob es von ihr richtig sei, mir das jetzt zu erzählen, aber ich hätte doch am Elternabend gesagt, die Eltern sollten mir mitteilen, wenn sie den Eindruck hätten, ihr Kind komme verärgert, frustriert oder traurig aus der Schule.

Nun bin ich aber aufs Äußerste gespannt. Was kann denn da los sein?

Ich ermutige die Mutter, mit der Sprache herauszurücken und sie sagt, immer noch verlegen, nun ja, Lena habe jetzt schon einige Male gesagt, in der Schule sei es langweilig.

Da bin ich allerdings zunächst einmal sehr verblüfft. Diesen Eindruck habe ich ja ganz und gar nicht – im Gegenteil! Lena holt sich gleich in der Frühe immer Arbeit, passt im Unterricht auf, macht gut mit, meldet sich. Alles, was sie sagt, hat Hand und Fuß. Wie eine gelangweilte Schülerin kommt sie mir nun wirklich nicht vor.

Da bin ich mir ganz sicher, und das sage ich auch der Mutter: von Langeweile kann keine Rede sein. Warum erzählt sie das dann aber zu Hause? Ich vereinbare mit der Mutter, über das Problem nachzudenken, ihre Tochter gezielt zu beobachten und mich dann mit ihr noch einmal in Verbindung zu setzen.

Der Mechanismus, der hinter dieser Äußerung steckt, scheint mir klar: Wenn es um essentielle Dinge geht, können Kinder nur selten genau das ausdrücken, was sie wirklich ängstigt, betrübt oder wütend macht. Oft stellt – wie wir gesehen haben – ihr Verhalten eine verschlüsselte Botschaft dar. Lena hat jedoch im Unterricht weder gestört, noch sich sonst irgendwie auffallend gebärdet.

Ich lasse meine Schulvormittage im Geist Revue passieren, stelle mir Lena vor, wie sie, genau wie alle anderen Kinder, ihre Arbeiten erledigt, obwohl sie schon perfekt lesen kann. Genau wie alle anderen Kinder … an dieser Vorstellung bleibe ich hängen.

Ist es das? Sie erscheint in der Klasse genau wie alle anderen Kinder, wird von mir auch so behandelt, obwohl sie etwas sehr Akzeptables geleistet hat: Sie hat sich „irgendwie" selbst das Lesen beigebracht. Lesen lernen – das schaffen manche Kinder bei aller Unterstützung nicht auf Anhieb.

Ob sie enttäuscht ist, dass von ihrer beachtlichen Leistung keine besondere Notiz genommen wird?

Das muss es sein: Lena ist von der Schule enttäuscht. Wo, wenn nicht dort, müsste sie mit ihren erstaunlichen Kenntnissen besondere Beachtung finden? Das ist ihr aber sicher nicht so deutlich bewusst. Sie spürt wahrscheinlich nur, dass die Schule ihre großen Erwartungen nicht erfüllen kann und nennt das eben „Langeweile". Treffender wäre es wohl zu sagen: Die Schule kann mir nicht das geben, was ich mir erhofft habe. Deshalb interessiert sie mich auch nicht so, wie ich es mir erwartet habe.

Ich beschließe, gleich am nächsten Tag die Probe aufs Exempel zu machen und eine Strategie einzusetzen, die mir zeigen soll, ob ich richtig liege.

In der freien Arbeit schicke ich Maria, eine meiner schwächsten Schülerinnen, mit einem Leseblatt zu Lena und bitte sie, mit ihr das doch zu bearbeiten. „Da würdest du mir sehr helfen", sage ich so ganz nebenbei. „Magst du?" Natürlich mag sie. Die beiden setzen sich in eine Ecke des Klassenzimmers und arbeiten eifrig. Als ich nach der freien Arbeit die Schwunghefte austeilen will, bitte ich Lena, das für mich zu übernehmen, weil sie ja die Namen auf den Heften schon lesen könne. So finde ich an diesem Schultag noch einige Gelegenheiten, Lena als „Hilfslehrerin" einzusetzen. Sie hilft mir geschickt und unauffällig, ohne sich in den Vordergrund zu spielen.

Am Abend rufe ich die Mutter an, um ihr zu erzählen, wie meiner Ansicht nach die Klage über Langeweile in der Schule zustande gekommen ist. Doch bevor ich damit anfangen kann, sagt sie: „Also heut ist Lena ja total begeistert heim gekommen. Es war ganz toll in der Schule. Was haben Sie denn mit ihr gemacht?"

Nun erkläre ich ihr, was meines Erachtens hinter Lenas Unzufriedenheit steckte. Sie findet die Erklärung auch einleuchtend und meint, das würde ihrer Tochter sicher sehr viel bedeuten, wenn sie für ihre besonderen Kenntnisse Anerkennung finde. Ich kann ihr versichern, dass ich Lena in Zukunft gerne als „Hilfslehrerin" einsetzen würde, wo immer es sich anbiete. Andererseits sei es mir aber auch sehr wichtig, gleich zu erfahren, falls es wieder einmal Kummer oder Frustration gebe.

In der nächsten Zeit wird Lena zu einer verlässlichen und wichtigen Stütze für mich:

Sie teilt Hefte aus, hilft schwächeren Schülern, sortiert Arbeitsblätter, liest Arbeitsanweisungen für alle vor usw.

Das geht natürlich nur, weil sie sich überhaupt nicht in den Vordergrund spielt. Sie ist selbstbewusst genug, ihre Befriedigung aus der Arbeit selbst zu schöpfen und nicht aus der Aufmerksamkeit, die sie auf sich zieht. Deshalb wird sie als meine „rechte Hand" auch von den anderen Kindern bereitwillig akzeptiert.

Im Gegenteil, sie finden das höchst vernünftig, dass ich mir Arbeit abnehmen lasse.

Andreas formuliert das eines Tages im schönsten Bairisch sehr treffend: „Gell, da tatst blöd schaugn, wannst d' Lena net zum Helfen hätt'st?"

(Für Nicht-Bayern: Nicht wahr, da würdest du dumm schauen, wenn du die Lena nicht hättest, um dir zu helfen?)

Lena macht ihren Weg

Es ist sicher deutlich geworden, dass es Lena nicht darum ging, einfach nur mehr Aufmerksamkeit zu bekommen. Sie fühlte sich in der Schule wohl nicht am rechten Platz, vielleicht „unter Wert verkauft", wenn sie dort nicht einmal Gelegenheit fand, ihre besonderen Fähigkeiten einzubringen.

Zum Glück hatte sie eine vernünftige Mutter, die ihre Beschwerden über die „langweilige Schule" einerseits ernst nahm, andererseits aber nicht sofort der Meinung war, ihr intelligentes Kind sei eben zu klug für eine gewöhnliche Schule oder die Lehrerin würde ihr Kind nicht mögen, falsch behandeln oder was auch immer. Sie setzte Teilnahme und Interesse in der richtigen Dosis ein und tat das einzig Sinnvolle, nämlich mit der Lehrerin höflich, sachlich und ohne Vorwürfe über Lenas Äußerungen zu sprechen.

So wurde ein kleines Problem auch klein gehalten und ohne viel Aufwand gründlich und für immer beseitigt. Denn ab sofort konnte Lena sich für die Schule begeistern. Da sie nicht nur klug war, sondern aus ihrer Intelligenz auch wirklich etwas machte, wurde sie zu einer äußerst erfolgreichen Schülerin:

Sie absolvierte die Grundschule mit glänzenden Noten, wechselte ans Gymnasium und konnte auch dort ihre Erfolge fortsetzen. Aller Voraussicht nach wird sie ihr Abitur mit Leichtigkeit bestehen und später wahrscheinlich auch eine begeisterte Studentin werden.

Resümee

An Lenas Beispiel ist sehr deutlich zu sehen, wie wichtig es ist, kindliche Äußerungen zu hinterfragen, nicht alles gleich für bare Münze zu nehmen, aber es auch nicht einfach als unwichtig abzutun.

Das Interesse der Eltern ist für Kinder wichtig. Wenn wir dieses Interesse nach Größe oder Menge genau quantifizieren könnten, dann wären am einen Ende der Skala Desinteresse und Teilnahmslosigkeit angesiedelt, am anderen Ende Überbewertung, Über-Interpretation und Überschätzung.

Katharinas Mutter hätte die Klage über Langeweile wohl eher überbewertet.

Bei Katharina wäre die versteckte Botschaft in diesem Fall sicher eine andere gewesen, nämlich:

Die Schule interessiert mich nicht. Sie ist anstrengend und keiner findet mich toll.

Bei Natascha hätte die implizite Botschaft aber wieder anders interpretiert werden müssen. Sie hätte sicher sagen wollen: *Mich kann das noch gar nicht interessieren, weil mir das alles zu viel ist. Ich will spielen.*

Nataschas Eltern hätten – ganz anders als Katharinas Mutter – wahrscheinlich reagiert mit Äußerungen wie: Das ist eben so, da musst du durch. Stell dich nicht so an. Wir müssen alle was leisten.

Nur haben weder Natascha noch Katharina ihr Unwohl-

113

sein verbal ausgedrückt. Sie haben einzig durch ihr Verhalten gezeigt, dass sie

- nicht bereit sind, in der Schule etwas zu leisten (Katharina)
- sich für die Schule noch zu klein fühlen (Natascha)

Lena hingegen wollte sehr wohl etwas leisten und konnte ihre Motivation voll entfalten, als sie sah, dass sie in der Schule nicht nur etwas lernte, sondern auch das, was sie bereits wusste, zum Einsatz bringen konnte.

Noch einmal möchte ich es betonen: Kinder mit vernünftigen Eltern, die „die Kirche im Dorf lassen", wenn es einmal Probleme gibt, die aber andererseits Interesse an ihren Kindern zeigen und über ihr Verhalten und ihre Äußerungen nachdenken, solche Kinder haben Glück.

Hätte die Mama Lenas Klagen einfach abgetan und sich weiter nicht darum gekümmert, wäre ich völlig ahnungslos geblieben. Für Lena wäre aus einer momentanen Enttäuschung wahrscheinlich eine andauernde Frustration geworden. Ich glaube nicht, dass sich bei ihr daraus ein Leistungsversagen entwickelt hätte. Dazu war sie zu interessiert, zu gescheit und wahrscheinlich auch zu ehrgeizig. Dennoch macht es einen gewaltigen Unterschied, ob ich gerne lerne im Bewusstsein, dass meine Fähigkeiten anerkannt werden oder ob ich zwar eigentlich am Lernen interessiert bin, meine Leistungen aber vor dem Hintergrund erbringe, dass sie ja ohnehin nicht richtig gewürdigt werden. Die Bedeutung des subjektiven Wohlbefindens am Arbeitsplatz wird inzwischen auch in größeren Unternehmen thematisiert. Der Arbeitsplatz Schule ist die erste Erfahrung, die Kinder mit der Welt der Arbeit und der täglichen Pflichten machen. So sehr wir darauf bestehen müssen, dass Pflichten grundsätzlich erfüllt werden, so sehr sollte uns auch das subjektive Wohlbefinden des einzelnen Kindes am Herzen liegen. Uns – damit meine ich Lehrer und Eltern.

Hätte Lenas Mutter sich nun aber veranlasst gesehen, mir Vorhaltungen zu machen, weil die Schule so langweilig sei, hätte ich wahrscheinlich mein Augenmerk weniger darauf gerichtet, herauszubekommen, was wirklich hinter Lenas Beschwerde steckte, sondern mich vielmehr darauf konzentriert, dem verbalen Angriff adäquat zu begegnen.

Auch dem engagiertesten Lehrer fällt es nicht leicht, das Wohlergehen des Kindes in das Zentrum der Aufmerksamkeit zu stellen, wenn er sich von Eltern bei jeder Gelegenheit kritisiert und angegriffen sieht.

Groteskerweise haben gerade Kinder, die zu Hause nicht auf ihre Kosten kommen, die vernachlässigt werden, für die wenig Interesse aufgebracht wird und um die sich keiner so recht kümmert, oft Eltern, die von der Schule absolute Unfehlbarkeit fordern.

Der Hintergrund ist klar: Ich habe weiter oben über den Abwehrmechanismus der Projektion gesprochen.[11] Das, was man an sich selbst nicht sehen möchte, wird auf andere projiziert und ihnen unterstellt.

Doch gerade Kinder mit familiären Versorgungsdefiziten brauchen die Hilfe und Unterstützung von Lehrern.

Es ist oft traurig zu sehen, wie unterschiedlich die Karten schon von Anfang an verteilt sind:

Manche Kinder haben alles: vernünftige, liebevolle Eltern, die – wo immer das möglich ist – konstruktiv mit der Schule zusammenarbeiten und ihnen jede Unterstützung verschaffen, die sie brauchen.

Andere Kinder bekommen nicht nur zu wenig Aufmerksamkeit und Zuwendung. Ihre Eltern erschweren auch noch Hilfe von außen und stellen sich – aus dem Gefühl oder Bewusstsein eigener Unzulänglichkeit heraus – gegen jeden, der sich für ihr Kind engagiert, und das sind eben sehr oft die Lehrer.

Wie auch immer: Lenas Mutter hat es richtig gemacht und das Ihre dazu beigetragen, dass ein kleines Problem nicht plötzlich zu einem großen wurde.

---

[11] siehe hierzu Seite 67 f.

Laura ist nicht egoistisch und Vroni nicht verlogen

Wenn wir jede kindliche Äußerung – verbal oder im Verhalten – für bare Münze nehmen, landen wir oft „auf dem falschen Bahnhof".

Wir überhören entweder verschlüsselte Hilferufe, lassen uns manipulieren oder tun einem Kind auch unrecht.

Um die letzte Möglichkeit geht es in der folgenden Geschichte, die von meiner Nichte Laura handelt.[12]

Sie ist Rechtshänderin und saß in der ersten Klasse neben einem Mädchen, das Linkshänderin war und zwar so, dass die Schreibhände der beiden Mädchen in der Bankmitte aneinander stießen. Das war natürlich ein ungünstiges Arrangement und es war auch nur vernünftig, das zu ändern, indem einfach die Plätze gewechselt wurden.

Deshalb dachte die Lehrerin sich wohl nichts dabei, als sie eines Morgens die Sachen der beiden Mädchen unter den Bänken kurzerhand vertauschte. Als meine Nichte dann in die Schule kam, hatte sie nicht mehr ihren angestammten Platz, sondern saß an der anderen Seite der Schulbank. Da ging sie zur Lehrerin und sagte ihr, sie wolle wieder auf ihrem eigenen Platz sitzen.

Diese reagierte verärgert: „Jetzt sei doch nicht so egoistisch. Du kannst doch deinen Platz tauschen, dann könnt ihr beide besser schreiben." Laura aber beharrte auf ihrem Wunsch, hatte damit jedoch keinen Erfolg.

Das führte dazu, dass sie einige Zeit sehr frustriert war und, nach einigen weiteren Erlebnissen mit ihrer Lehrerin, in denen sie diese als verständnislos und über ihren Kopf hinweg

---

[12] Christina Buchner, Stillsein ist lernbar, a. a. O.

entscheidend erlebte, ihre anfangs sehr positive Meinung über Schule änderte und auch ihre Lehrerin nicht mehr besonders leiden konnte.

Wenn man den Vorfall mit den vertauschten Plätzen nicht hinterfragt und nur das Vordergründige sieht, wird man wahrscheinlich folgende Meinung vertreten:

Das Mädchen ist ein verzogener Fratz, der immer seinen Kopf durchsetzen will und nicht in der Lage ist, einmal zurückzustecken.

Die Lehrerin hat völlig Recht, dass sie darauf nicht eingeht.

Das kann aber – vor allem, wenn man die Persönlichkeit Lauras in Betracht zieht – auch ganz anders interpretiert werden. Erinnern wir uns zunächst einmal an die Wirkung, die es auf Kinder hat, wenn sie einfach verplant werden, ohne sich selbst äußern zu können. Bei Mark und Natascha haben wir gesehen, wie verhängnisvoll das sein kann.

Neben dem Moment des Verplant-Werdens ist aber in Lauras Fall noch etwas relevant:

Ihr wird etwas weggenommen, das ihr gehört: ihr Platz. Sie wird nicht gefragt, ob sie einverstanden ist, sondern sieht sich eines Morgens vor die vollendete Tatsache gestellt.

Nun ist gerade Laura – auch heute noch, da sie erwachsen ist – ein Mensch, der großen Wert auf Sicherheit und Verlässlichkeit legt. Obwohl sie in einer „normalen" Familie aufgewachsen ist und immer bestens umsorgt wurde, hat sie von klein auf schnell mit Angst reagiert, wenn sich irgendetwas Unvorhergesehenes ereignete. Woher kann diese „Angstbesetztheit" kommen? Vielleicht ist es eine Erklärung, dass ihre Mutter während der Schwangerschaft frühzeitig Wehen bekam und einige Wochen lang die akute Gefahr einer Fehlgeburt bestand.

Wir wissen heute, dass Erlebnisse in der Embryonalzeit durchaus prägend wirken können.

Es ist deshalb auch nicht auszuschließen, dass sich ein derart lebensbedrohendes Ereignis – wie es frühzeitige Wehen für einen Fötus nun einmal sind – in einer angstbesetzten Konstitution niederschlagen.

Das kann natürlich nur eine Spekulation sein. Es geht auch für einfühlsames pädagogisches Handeln gar nicht darum, die Ursache eines jeden Problems festzustellen. Das ist ohnehin nicht möglich. Wichtig ist hingegen, dass wir genauer hinschauen, wenn Kinder uns etwas mitteilen.

Lauras Botschaft hieß nicht: Ich will meinen Platz nicht hergeben.

Sie könnte vielmehr ungefähr so übersetzt werden:

Ich kann mich an einem Ort nicht sicher fühlen, an dem mir ohne mein Wissen einfach etwas weggenommen wird, das mir gehört, nämlich mein Platz. Ich kann dir nicht vertrauen, wenn du über meinen Kopf hinweg bestimmst.

Alle Kinder brauchen starke und zuverlässige Erwachsene. Ängstliche Kinder brauchen insbesondere einen vertrauten Rahmen, um sich entfalten zu können. Kontinuität und Vertrautheit – das sind zwei Schlüsselbegriffe für Geborgenheit. Gerade unsere modernen Kids haben aber oft alles andere als das: Sie werden mit viel zu vielen Eindrücken überschüttet, die sie gar nicht verarbeiten können. Ganz einfache kindgemäße Erfahrungen und Erlebnisse fehlen ihnen hingegen oft.

So sehen wir in der Schule nicht selten Kinder, die schon die tollsten Reisen gemacht haben, die aber weder ein Kinderlied singen können, noch Gedichte oder Spiele kennen, die zu ihrem Alter passen würden. Das Verschwinden der Kindheit wurde nicht nur von Neil Postman in seinem gleichnamigen Buch aufs Düsterste ausgemalt,[13] es ist in der Praxis wirklich zu beobachten. Dabei brauchen Kinder nichts „geboten" im Sinne des modernen Konsumwahns, sie brauchen am dringendsten das, was nicht zu kaufen ist: Geborgenheit, Liebe, Anerkennung, Interesse, einen festen Rahmen und konsequent eingehaltene Grenzen.

---

[13] Neil Postman, Das Verschwinden der Kindheit, Frankfurt am Main, Fischer Taschenbuch Verlag, 1987

Sie erleben manches ganz anders als Erwachsene. Wie sehr, zeigt ein Erlebnis, das eine Bekannte vor vielen Jahren mit ihrem kleinen Sohn hatte. Sie ging mit dem Dreijährigen in den Zoo. Er ließ sich auch willig herumführen und alles Mögliche zeigen, bis er auf einem Weg zwischen den verschiedenen Tiergehegen am Boden eine Prozession von Ameisen entdeckte. Die Tierchen trugen geschäftig Kuchenbrösel, die auf dem Weg lagen, zu ihrem Bau. Der Kleine war davon so fasziniert, dass er sich auf dem Boden niederließ und ihnen gebannt zuschaute. Raubtiere, Schlangen und sonstige Attraktionen hatten für ihn ihren Reiz verloren.

Auch auf dem Nachhauseweg plapperte er hauptsächlich davon, wie sehr sich die Ameisen doch abgemüht hätten und wie lustig das gewesen sei.

Zurück zu Laura:

Die Lehrerin hatte es sicher nicht „böse" gemeint, als sie ihr einfach den Platz wegnahm. Laura aber erlebte das wohl als bedrohlich, vielleicht auch als Vertrauensbruch, war sie doch davon völlig überrumpelt, sozusagen „kalt getroffen", worden. Nicht nur das: Als sie – wohl aus verständlichen Motiven – sich weigern wollte, wurden ihr negative, unschöne Beweggründe unterstellt. Sie hatte also auch noch „Gesicht verloren".

Wenn wir uns nur die Mühe machen, etwas genauer zu hören und zu schauen, werden wir sehr oft Botschaften entschlüsseln, die uns im Umgang mit Kindern äußerst hilfreich sein können.

Wie einfach wäre es für die Lehrerin gewesen, sich vorsichtshalber erst einmal mit einer Reaktion zurückzuhalten und nachzufragen: Warum willst du denn nicht?

Sicher hätte Laura ihr keine Analyse ihres Verhaltens liefern können, aber es wäre im Gespräch dann vielleicht doch etwas deutlicher geworden, dass sie andere Gründe für ihre Weigerung hatte als bloßen Eigensinn.

Klug hätte die Lehrerin gehandelt, wenn sie dann ihre Entscheidung revidiert hätte und nach einiger Zeit aufs Neue versucht hätte – dieses Mal aber im Vorhinein –, die Nützlichkeit eines Platztausches plausibel zu machen und das Ganze einvernehmlich zu regeln. Mit ziemlicher Sicherheit hätte es dann auch keine Probleme gegeben.

Das Ganze aber abzutun als kindlichen Egoismus, den man nicht durchgehen lassen dürfe, war verhängnisvoll, weil dadurch die Weichen gestellt wurden für eine dauerhafte Verschlechterung der persönlichen Beziehung.

Das soll nun aber keinesfalls verstanden werden als ein Plädoyer für eine Erziehung, bei der nichts ohne Zustimmung des Kindes gemacht werden darf. „Ohne Zustimmung" ist etwas anderes als „über den Kopf hinweg". Entscheidungen, die erklärt und begründet werden, sind nachvollziehbar, transparent und haben eine andere Qualität. Das Kind wird ernst genommen, auch wenn man ihm nicht in allem seinen Willen lassen kann.

Ein weiteres Beispiel dafür, wie leicht es passieren kann, kindliches Verhalten fälschlich als negativ zu interpretieren, zeigt eine kleine, aber durchaus nicht unwichtige Begebenheit, die sich erst vor kurzem in meiner Schulklasse abspielte. Wir sind – gegen Ende des ersten Schuljahres – gerade dabei, grundlegende Techniken des Rechtschreibens zu lernen. Dabei sollen die Schüler selbständig jeweils eine Gruppe von 5 Wörtern üben, die ihnen dann diktiert wird. Wer seine Wörter richtig schreibt, darf die nächste Wortgruppe üben. Die Wörter stehen auf einer Liste, die jedes Kind hat. Bereits richtig geschriebene Fünfergruppen werden von mir mit einem Herzchen und einem B abgezeichnet.

Vroni ist eine Schülerin, die durch ihr ernsthaftes Bemühen auffällt. Sie will etwas können und arbeitet beständig, hat es dabei aber nicht leicht, weil ihr manches, obwohl sie nicht dumm ist, etwas schwer fällt. So zum Beispiel das Einprägen der Wörter. Sie hat nun schon mehrere Anläufe gemacht und ist immer noch bei der ersten Wortgruppe. Es ist nur zu verständlich, dass sie endlich auch um einen Abschnitt weiterrücken möchte. Vielleicht geniert sie sich auch, weil sie glaubt, man könne sie für dumm halten. Dabei ist gerade das Richtigschreiben der ersten Wortgruppe eine Hürde, über die nur die wenigsten Kinder auf Anhieb kommen. Wenn die Technik erst einmal geläufig ist, braucht es für die nächsten Diktate in der Regel weniger Anläufe, um vorzurücken.

So sieht Vroni das aber allem Anschein nach nicht. Als nun neulich wieder diktiert wurde und die Kinder sich mit ihren Heften auf dem Boden – nach Diktatgruppen geordnet – um mich scharten, setzte Vroni sich zur zweiten Gruppe. Ich sagte ihr, sie solle sich zur ersten Gruppe setzen. Da zeigte sie mir ihre Liste, auf der tatsächlich neben dem fünften Wort ein rotes Herz und ein B waren, allerdings sehr krakelig und unbeholfen und offensichtlich nicht von meiner Hand. Ich zeigte Vroni meine Namensliste, auf der ich mir alle Diktatversuche und deren Ergebnisse notiere: Sie konnte sehen, dass sie noch kein Kreuzchen für „richtig" hatte. Einige Kinder sagten: „Das hat sie selbst gemacht. Das ist nicht von dir."

Ich hatte mich dazu noch gar nicht geäußert und Vroni beteuerte: „Also ich weiß nicht, wo das herkommt. Ich hab's nicht gemacht!"

Das wäre nun eine wunderbare Gelegenheit gewesen, um Schaden anzurichten. Was, wenn ich Vroni der „Lüge" und des „Betrugs" überführt hätte? Objektiv könnte man das vielleicht so nennen, aber gerade diesem Kind würde man damit bitter unrecht tun. Ich überging also zunächst den Vorfall und sagte nur: „Ich weiß das jetzt auch nicht. Aber schau, in meiner Liste steht's anders und die ist bestimmt richtig. Da bin ich nämlich sehr genau!"

Dann diktierten wir. Vroni hatte wieder einen Fehler. Aber mir war nun klar, wieviel ihr gerade beim Diktieren ein Erfolg bedeutete. Deshalb setzte ich mich am nächsten Tag in der Freiarbeitszeit zu ihr und sagte: „Jetzt wollen wir einmal miteinander üben. Ich glaube, das ist wichtig für dich." Dann zeigte ich ihr noch einmal, wie sie die Rechtschreibübungen durchführen sollte. Sie machte das nämlich recht ungeschickt, weil sie jedes Mal alle Wörter übte, auch diejenigen, die sie bereits immer richtig geschrieben hatte. Deshalb riet ich ihr, sich auf die zwei für sie schwierigen Wörter zu konzentrieren. Am nächsten Tag machte sie beim Diktieren wieder mit und hatte alle fünf Wörter richtig.

Nun ist sie bestimmt motiviert, auch die nächste Wortgruppe zu üben. Sie hat erlebt, dass ich sie nicht bloßgestellt, sondern ihr in ihrer subjektiven Not geholfen habe und das hat sicher ihr Vertrauen zu mir gestärkt.

Hätte man ihr Verhalten nur vordergründig betrachtet, dann wäre man wohl zu der Auffassung gekommen, sie wolle die Lehrerin betrügen und sich einen Erfolg erschwindeln, weil sie zu faul zum Arbeiten sei.

Doch gerade Vroni ist rührend bemüht, ihre Leistungen zu verbessern. Von „Erfolg aus Faulheit erschwindeln" kann bei ihr wirklich keine Rede sein. Sie gehört auch nicht zu der Sorte unaufrichtiger Kinder, die es – darüber soll man sich nichts vormachen – durchaus gibt.

Sie war wirklich durch subjektive Not zu ihrem „Vergehen" getrieben worden – eine Art geistiger Mundraub also.

Ihre Botschaft könnte so lauten:

Ich möchte so gerne klug und erfolgreich sein und ich gebe mir doch solche Mühe. Ich will nicht, dass du glaubst, ich sei dumm. Ich will das auch können, wie alle anderen.

Ich meine, dass das ein sehr unschuldiger und absolut verständlicher Wunsch ist, den man nicht ignorieren darf. Ich werde irgendwann einmal, wenn die Sache nicht mehr akut ist, mit Vroni reden und ihr sagen, dass ich sie sehr gut verstehen kann, dass es aber bessere Methoden als Mogeln gibt, um ein Ziel zu erreichen.

Resümee

Ich kann mir gut vorstellen, dass manche Mutter recht entsetzt wäre bei der Vorstellung, ihr Kind würde sie anlügen oder gar betrügen. Lüge und Lüge ist aber nicht dasselbe. Es gibt sehr wohl Kinder, die einfach unehrlich sind und es ohne weiteres fertigbringen, einem immer wieder ins Gesicht zu lügen. Wichtig ist für Erzieher, dass sie unterscheiden können zwischen den verschiedenen Arten von Unwahrheit.

Für chronisch unaufrichtige Kinder ist es sicher schlecht, wenn wir immer wieder auf sie hereinfallen. Kinder, die aber aus Angst oder aus Verzweiflung lügen, dürfen mit diesen nicht in einen Topf geworfen werden.

Und auch „verlogene" Kinder dürfen auf keinen Fall bloßgestellt werden, weil dadurch der weitere Weg schon vorgezeichnet ist: Ein Kind, das bereits als „schlecht" und „minderwertig" dargestellt, „geoutet", wurde, hat doch keinen Grund mehr, sich zu bessern.

Auch das schlimmste Kind ist nicht gerne schlimm, das dürfen wir nie vergessen. Es ist schlimm, weil es keinen anderen Weg sieht, mit sich und seinen Problemen in einer Welt, die es vielleicht als feindlich, gleichgültig oder verständnislos erlebt, zurechtzukommen. Aber es gibt – zumindest im bürgerlichen Milieu – nur sehr wenige Kinder, die bereits vor der Pubertät so mit ihrem Leben abgeschlossen haben, dass sie aus dem Schlimmsein genügend Befriedigung schöpfen, um wirklich schlimm bleiben zu wollen.

Irgendwann werden sich allerdings die negativen Muster so verstärkt und verselbständigt haben, dass sie dem Jugendlichen als Lebensentwurf genügen.

Es ist bestimmt nicht übertrieben, sich über kindliche Beweggründe, über das eigene Handeln und über den Sinn unserer Erziehungsmaßnahmen immer wieder Gedanken zu machen.

Vroni ist genauso wenig ein verlogenes Kind wie Laura eine schrankenlose Egoistin.

Deshalb müssen wir ihr mit Verständnis begegnen. Andererseits muss sie es aber auch lernen, vorübergehende Misserfolge auszuhalten und beständig daran zu arbeiten, diese in Erfolge zu verwandeln. Nicht alles, was wir lernen wollen, gelingt uns auf Anhieb. Wenn bereits einige fehlgeschlagene Versuche genügen, um ein Kind in tiefste Verzweiflung zu stürzen, muss dieses Defizit auch von Eltern und Erziehern als solches wahrgenommen und genauer in den Mittelpunkt der pädagogischen Aufmerksamkeit gerückt werden.

Wer sich für Kinder genügend interessiert, um sich wirklich mit ihnen zu befassen wird bald merken, dass es nicht so schwierig ist, auch hinter die Kulissen zu sehen und ihr Verhalten und ihre Äußerungen besser zu verstehen.

Wer wartet, bis nach der Pubertät ernsthafte Schwierigkeiten auftauchen, hat die wertvolle Zeit unwiederbringlich versäumt, in der eine stabile Eltern-Kind-Beziehung aufgebaut werden kann.

Simon, der starke Kerl

Viele verschiedene Kinder habe ich Ihnen in diesem Buch vorgestellt. Jedes ist auf seine Art liebenswert. Nicht immer steht dieses Liebenswerte im Vordergrund, sondern es ist manchmal sehr gut getarnt. Wir müssen bei Kindern genau hinschauen. Das ist in den verschiedenen Geschichten immer wieder deutlich geworden. Besonders wichtig ist dieses genaue Hinsehen, wenn das, was uns stört, nervt oder auch Sorgen macht, so dominiert, dass wir ein Kind eigentlich nur noch unter diesem Blickwinkel sehen. Es ist nicht so leicht, für ein freches oder ungehorsames Kind Verständnis aufzubringen und davon auszugehen, dass dieses für uns unmögliche Verhalten vielleicht nur ein Hilferuf oder ein Appell an uns sein soll.

Das Beispiel von Simon kann diesen Sachverhalt bestens illustrieren.

Simon geht in die dritte Klasse. Er steht bei seinen Mitschülern in dem Ruf, ungeheuer stark und mutig zu sein, kurz: ein toller Kerl. Er lässt auch keine Gelegenheit aus, das zu beweisen. Schnell ist er mit markigen Sprüchen bei der Hand und gibt sich immer überlegen. In der Schule war es zunächst mit ihm schwierig. Als er zu mir in die erste Klasse kam, ging ihm bereits aus Kindergartenzeiten der Ruf voraus, sich ständig durch Herumalbern und störendes Verhalten in der Gruppe profilieren zu wollen. Zwei glückliche Umstände trugen dazu bei, dass er sich positiv entwickelte und seine „Power" auf sozial verträgliche Weise einsetzte:

● Er fand Gefallen am Lernen, war vom Elternhaus her bereits gut gefördert, interessierte sich deshalb für vieles und wollte etwas leisten.

- Er traf in mir auf eine zwar verständnisvolle, aber auch durchaus konsequente und unnachgiebige Lehrerin, die seinen Eskapaden mit großer Entschlossenheit entgegentrat.

Bald hatte er mich auch als „Chefin" akzeptiert und wir kamen in den zwei Jahren bestens miteinander aus.

Nun geht er also in die dritte Klasse. Bei der neuen Lehrerin probierte er zunächst, ob es auch hier für ihn Grenzen gab und wenn ja, wie weit diese gesteckt waren. Doch da wir uns immer wieder über meine ehemaligen Schüler unterhielten und ich der Kollegin auch meine Erfahrungen mit Simon mitteilte, konnte sie seinen Vorstößen geschickt begegnen und ihn auch wieder in ein Fahrwasser lenken, in dem er seine Fähigkeiten positiv einsetzte.

Nur eine Erfahrung ging ihr entsetzlich auf die Nerven: Es kam von Simons Seiten immer wieder zu kleinen Regelverstößen, deretwegen sie ihn ermahnen musste. Hatte sie das getan, herrschte Ruhe und er arbeitete wieder ordentlich. Sie sagte mir, sie müsse sich über dieses Verhalten schrecklich ärgern, denn Simon schaue sie bei diesen Gelegenheiten immer auf eine Weise an, bei der sie das Gefühl habe, er wolle sie provozieren.

Ich sah das – aus reicher Erfahrung mit seinen Eigenheiten – anders. Meiner Einschätzung nach war die markige Tour, mit der er seine Selbstdarstellung betrieb, nur eine Tünche über seiner äußerst dünnen seelischen Haut.

Das macht zwar für den geplagten Erzieher zunächst keinen Unterschied, denn frech ist frech und ungehorsam ist ungehorsam. Trotzdem ist das Aufdecken der Hintergründe wichtig, denn es erweitert unseren Handlungsspielraum, gehen wir doch dann, wenn wir „die Botschaft" verstehen, viel wirkungsvoller mit negativem Verhalten um.

Ich schilderte meiner Kollegin also Simon, wie ich ihn kennen gelernt hatte:

Sie dürfen sich von seiner Kraftmeierei nicht täuschen lassen. Simon ist ein ausgesprochen angstbesetztes Kind. Sie merken das an seinen vielen Unsicherheiten, die er immer ganz geschickt tarnt. Für ihn ist es entscheidend, dass er auf starke Erwachsene trifft, die ihm Halt und Schutz geben. Und wann erlebt er uns als stark? Wenn wir ihm Grenzen setzen können. Wie soll denn ein Erwachsener ihm Schutz und Sicherheit vermitteln können, wenn er nicht einmal mit dem kleinen Simon fertig wird? Er muss sich immer wieder vergewissern, dass diese Grenzen vorhanden sind. Sie bedeuten für ihn nicht nur Einschränkung, sondern auch Sicherheit und Geborgenheit. Und weil er Sie noch nicht so gut kennt, braucht er eben öfter die Bestätigung, dass schon alles in Ordnung ist. Die holt er sich, indem er seine Grenzen erprobt. Das ist bestimmt nicht als Provokation gedacht. Genauso, wie manche Kinder immer wieder eine Portion Zuwendung brauchen, auch wenn das nur ein Blick oder ein Lächeln ist, braucht Simon seine Dosis Sicherheit, dann ist er beruhigt und arbeitet weiter.

Meiner Kollegin leuchtete das ein. Sie hatte inzwischen ja auch schon die Erfahrung gemacht, dass Simon nicht so war, wie er sich darstellte. Die Bestätigung meiner Einschätzung erhielt sie kurz darauf in einer Turnstunde.

Da wurden die Sprossenwände in der Turnhalle so ausgeklappt, dass sie frei im Raum, rechtwinklig zur Wand, standen. Die Kinder sollten auf der einen Seite hochklettern, oben über die Sprossenwand steigen und auf der anderen Seite wieder hinunterklettern. Simon brauchte gehörige Zeit, bis er oben war und stellte sich äußerst ungeschickt beim Hinübersteigen auf die andere Seite an. Er tat betont ungeschickt und meine Kollegin, die das zunächst etwas albern und unnötig fand, sah plötzlich, dass er offensichtlich wirklich Todesängste ausstand. Der Schweiß perlte ihm auf der Oberlippe, er war bleich und – so schien es – fast am Ende seiner Kräfte. Die Beine zitterten ihm. Mit Müh und Not kletterte er wieder herab.

Das Erstaunlichste an diesem Vorfall aber war, dass niemand in der Klasse auch nur das Geringste bemerkt hatte. Die

Kinder hatten Simons Getue und sein Zögern und Zittern beim Übersteigen der Sprossenwand als „Show" interpretiert, die er da oben abzog. So stark war die Magie seines Image als markiger Kerl, dass überhaupt niemand auf die Idee kam, er könne sich wirklich gefürchtet haben.

Für seine Lehrerin allerdings war das der Beweis: Simon war eigentlich ein furchtbarer Feigling.

Vor diesem Interpretationshintergrund konnte sie leichter mit ihm umgehen, weil sie eben manches nicht mehr als Frechheit oder Provokation auslegte, sondern als Zeichen seiner Hilflosigkeit, getarnt durch eine Mischung aus Maulheldentum und Regelverstößen.

Sie konnte sich – gerade nach dem Schlüsselerlebnis in der Turnhalle – gut vorstellen, welchen Stress es für Simon bedeuten musste, seinem Image gerecht zu werden.

Resümee

Viele Kinder, die wir als anmaßend, frech und geradezu unmöglich erleben, sind in Wirklichkeit recht „arme Würstchen". Bevor wir nun aber daran gehen können, ihnen die Hilfe und Zuwendung zu gewähren, die sie so dringend brauchen, müssen wir sie erst einmal in ihre Schranken weisen.

Denn sonst kommen wir nicht an sie heran. Sie erleben uns dann ja als schwach, ihnen hilflos ausgeliefert. Das ist aber gerade für Kinder, die selber gegen das Gespenst ihrer Ängste und Unsicherheiten kämpfen, ganz und gar unerträglich. Deshalb müssen sie ja immer wieder ausprobieren, ob wir wirklich stark genug sind, um als Garanten für Schutz und Sicherheit ernst genommen zu werden. So befinden wir uns ständig in einem Spannungsfeld zwischen Strenge, Konsequenz und liebevoller Zuwendung.

Nur Verständnis für alles und jeden wird zu Recht als Schwäche ausgelegt. In den langen Jahren meiner Berufspraxis habe ich viele engagierte und zunächst begeisterte Lehrer erlebt, die Schiffbruch erlitten, weil sie die Pflichten der Erziehung zu einseitig sahen und sich vor den unpopulären und weniger angenehmen Aufgaben, die eben auch zu unserem Metier gehören, drücken wollten.

Kindern wie Simon kann nichts Schlimmeres passieren als Lehrer oder Eltern, die mit ihnen nicht fertig werden.

Sie versagen ihnen die nötige Sicherheit. Weil das Bedürfnis, endlich an Grenzen zu stoßen, so überwältigend ist, ufern die Versuche, diese Grenzen auszuloten, immer mehr aus. So laufen schwierige Kinder im Umgang mit schwachen Erziehern geradezu zur Höchstform auf. Es ist ein jämmerliches Bild, eine Lehrerin mit selig lächelndem Gesicht zu sehen, die von einer Horde ungezogener Fratzen umringt wird, die mit ihr ein übles Spiel spielen. Dieses Bild können natürlich auch Eltern bieten, die es nicht schaffen, ihre eigenen Bedürfnisse ihren Sprösslingen gegenüber zu behaupten.

Besonders traurig empfindet man das, wenn man aus reicher pädagogischer Erfahrung weiß, wie nett und einsichtig derart „ungezogene Fratzen" sein können, wenn ihnen rechtzeitig Einhalt geboten wird.

Schlussbemerkungen

Kinder verstehen ist der erste Schritt, mit ihnen vernünftig und geschickt umzugehen.

Das ist für Eltern gar nicht so schwierig. Sie müssen einige wenige, dafür aber umso wichtigere, Voraussetzungen mitbringen, damit ihnen das gelingt.

Wie Eltern sein sollen

Im Zusammenhang mit den verschiedenen Fallgeschichten ist das immer wieder angesprochen worden. Der Vollständigkeit halber seien diese Voraussetzungen hier noch einmal als Übersicht in der Form von Postulaten dargestellt und erläutert.

Eltern müssen sich für ihre Kinder interessieren

Das bedeutet, sich gerne mit ihnen zu unterhalten, gerne mit ihnen Zeit zu verbringen, sie zu beobachten und über sie nachzudenken. Wer die Sportschau, eine Soap-Opera, das Telefonat mit Bekannten oder die Lektüre eines Illustriertenberichts grundsätzlich interessanter findet als das eigene Kind, ist wahrscheinlich in seiner Elternrolle nicht ideal besetzt. Damit sollen nun nicht Eltern aufgefordert werden, immer und überall alles hintanzustellen, wenn das Kind ihre Aufmerksamkeit fordert. Der Akzent liegt auf „grundsätzlich". In der Hierarchie dessen, was uns wichtig ist, sollte das eigene Kind schon einen Spitzenplatz einnehmen. Nur dann, wenn es uns wirklich viel bedeutet, schaffen wir es auch, ihm die Grenzen zu setzen, die es für eine gedeihliche Entwicklung ebenso dringend braucht wie das elterliche Interesse.

Eltern müssen Zeit für ihre Kinder haben

Das soll nicht heißen, dass sie ihre gesamte Freizeit nur für ihre Kinder aufwenden sollen. Es ist aber unbedingt nötig, dass ein Teil der Zeit den Kindern wirklich gehört. In Nataschas Fall hätte die Mutter ohne weiteres die zwei Stunden pro Woche, die sie mit dem Chauffieren zur ungeliebten Reitstunde verbrachte, für ihre Tochter aufwenden können. Kinder, denen immer wieder Zeit von den Eltern geschenkt wird, schaffen es viel leichter, auch einmal Rücksicht zu nehmen, wenn Eltern ihre Ruhe brauchen.

Eltern sollen ihre Kinder fordern, aber nicht überfordern

Kinder, von denen keine Leistung verlangt wird, werden faul und leistungsunwillig, wie wir es bei Katharina („Herzi") gesehen haben. Ob es um das Aufräumen von Spielsachen, das selbständige Anziehen oder um kleine Hilfeleistungen im Haushalt geht: Es kann nur förderlich sein, wenn von Kindern auch etwas gefordert wird. Entscheidend ist, dass hierbei Rücksicht genommen wird auf die natürlich noch begrenzten Möglichkeiten eines Kindes und dass das Motiv für jegliche Forderung nicht elterlicher Ehrgeiz ist, sondern der Wunsch, die Entwicklung des eigenen Kindes zu fördern. Werden bereits Aktivitäten im Vorschulalter unter dem Gesichtspunkt von Prestigedenken und Karrierewünschen geplant, so kann das eigentlich nur auf negative Folgen hinauslaufen.

Eltern sind sich sicher nicht immer im Klaren darüber, dass manche steile berufliche Karriere bezahlt wird mit

schweren Neurosen und dem Verzicht auf ein emotional er-
fülltes Erwachsenenleben. Die Weichen für falschen Ehrgeiz
werden früh gestellt. Die Verantwortung dafür tragen die Eltern.

Sie haben es allerdings nicht immer in der Hand, ihre Kinder zu „puschen", auch wenn sie das noch so gerne wollen.
Das sehen wir an der Geschichte von Natascha. Sie zeigt den
Eltern unmissverständlich, wo ihre Macht Grenzen hat.
Dass sie sich mit ihrer beharrlichen Leistungsverweigerung
selbst am meisten schadet, wird sie erst merken, wenn es zu
spät ist. Hätte man sie in vernünftigen Maßen *ge-* und nicht
*über-*fordert, würde ihr Leben sicher anders, positiver, verlaufen.

Eltern müssen ihren Kindern Grenzen setzen

Kinder brauchen einen festen Rahmen, der konstant bleibt. Es
geht nicht an, heute etwas zu erlauben und morgen das Gleiche wieder zu verbieten. Das irritiert, vermittelt wider-
sprüchliche Botschaften und richtet Schaden an. Damit Grenzen eindeutig festgelegt werden können, müssen sich beide
Eltern unbedingt über die wichtigsten Erziehungsprinzipien
einig sein. Wenn die Tochter das eine leichter beim Vater und
das andere wieder leichter bei der Mutter durchsetzt, wird sie
es schnell lernen, die Eltern gegeneinander auszuspielen. Das
ist für die Eltern ärgerlich und unangenehm. Am meisten lei-
det aber das Kind darunter, weil es seiner charakterlichen Entwicklung nicht gut tut, wenn es seine Interessen mit dem
Mittel der Unaufrichtigkeit behauptet. Nichts anderes ist es
ja, wenn gewisse Anliegen nur einem Elternteil – dem nach-
giebigen nämlich! – unterbreitet und dem anderen verschwie-
gen werden.

Eltern müssen die Regeln für Konsum festlegen

Kinder lernen durch Erfahrungen. Wer im Alter von drei Jahren im Geschäft sofort jede Süßigkeit bekommt, die ihm ins Auge sticht, wird daraus sehr schnell Regeln ableiten, wie z. B.:

Ich bekomme alles, was ich haben will.

Ich bekomme das immer.

Ich bekomme das sofort.

In dem Abschnitt über das „Supermarkt-Syndrom" habe ich ausgeführt, wie das enden kann:

Schlimmstenfalls mit dem finanziellen Ruin der Eltern und einem dauerhaften Zerwürfnis zwischen Eltern und dem – inzwischen erwachsenen – Kind.

Wie schmerzhaft ein Zerwürfnis mit dem Kind gerade für solche Eltern ist, die diesem ein Leben lang jeden Wunsch erfüllt und sich selbst dabei manches versagt haben, können wir sicher gar nicht nachempfinden.

Wie einfach ist es dagegen, Kindern von klein auf zu signalisieren: Ihr bekommt nicht immer auf Anhieb das, was ihr haben wollt.

Darin steckt auch die Botschaft: Unsere Liebe ist mehr wert als das, was wir dir kaufen können.

Und mit Sicherheit ist für das Wohlergehen eines Kindes nicht entscheidend, was es bekommt, sondern wie die Eltern mit ihm umgehen.

Eltern müssen ihrem Kind Fürsorge geben

Als ich in den fünfziger Jahren in unsere Dorfschule ging, waren in meiner Klasse zwei Buben aus ärmsten und auch noch sozial verwahrlosten Verhältnissen. Ihnen fehlte es am Nötigsten. Ständig waren sie ausgehungert, bettelten uns um ein Stück unseres Pausenbrotes an, kamen schmutzig, unappetitlich und abgerissen in die Schule und hatten selbstverständlich nur einen Teil der Schulsachen, und der war nicht in Ordnung. Diese Schilderung nimmt vor dem Hintergrund der Nachkriegszeit nicht so sehr wunder.

Dass es aber auch heutzutage Kinder gibt, die mit verstrubbeltem Haar, verklebten Augen, schmutzigem Gesicht, schmuddeliger Kleidung und ohne Frühstück in die Schule kommen, fällt zunächst wahrscheinlich schwer zu glauben.

Dennoch ist es so.

Es hat nichts mit Selbständigkeit zu tun, wenn Kinder sich morgens alleine herrichten müssen, weil die Mutter noch schlafen will. Das ist Verwahrlosung, sonst nichts.

Nun ist das sehr gravierend und nicht so häufig. Dennoch finden sich beinahe in jeder Schulklasse Kinder, auf die das zutrifft und das sind im Regelfall nicht – wie einst meine Schulkameraden – Kinder aus ärmsten Verhältnissen.

Es scheint nicht allen Eltern klar zu sein, wie wichtig die ganz vordergründige körperliche Fürsorge für ein Kind ist. Am deutlichsten wird das bei einem Blick in die Pausenbüchsen und in die Hefte.

Die Pause besteht bei so manchen Kindern aus einem süßen Riegel, einer Banane und einem Fruchtzwerg oder etwas Vergleichbarem. Wenn dann noch ein stark zuckerhaltiges Fruchtsaftgetränk dazukommt, haben wir den Prototyp eines Pausenbrotes, wie es gleichgültige und nachlässige Mütter ihren Kindern mitgeben.

Ein Blick in die Hefte zeigt uns, ob wenigstens in einem anderen Bereich etwas von elterlicher Fürsorge zu finden ist. Aber da ist das Ergebnis mindestens genauso frustrierend wie beim Blick auf das Pausenbrot.

In so manchen Heften steht – einem dauernd wiederholten Mantra vergleichbar: Die Hausaufgabe vom … fehlt.

Am nächsten Tag: Die Hausaufgabe vom … fehlt noch immer.

Am übernächsten Tag: Bitte mach nun endlich die Hausaufgabe vom … nach.

Und so geht das oft weiter. Das ist der Beweis: Dieses Heft wird zu Hause nicht angesehen. Doch gerade das Überprüfen der Hausaufgaben auf Vollständigkeit und äußere Form ist eine Fürsorgeleistung, die dem Kind dann am meisten Nutzen bringt, wenn sie zu Hause erfolgt. Denn dann können unvollständige Aufgaben gleich nachgeholt werden und das Kind sieht: Ich muss meine Aufgaben auf jeden Fall machen und kann mich nicht davor drücken.

Eltern, denen diese Fürsorge im schulischen Bereich zu viel Mühe macht, tragen dazu bei, dass auch ihr Kind seine schulischen Pflichten nicht ernst genug nimmt.

Das wird zunächst nicht in der ganzen Tragweite gesehen. Wenn es aber in höheren Klassen erst einmal um Noten geht, ist „der Zug schon oft abgefahren." Dann ist es meist zu spät, vergangene Nachlässigkeit zu bedauern, denn Versäumtes kann nicht immer aufgeholt werden.

Eltern müssen ihr Kind in seinem gegenwärtigen
So-Sein annehmen und nicht nur ehrgeizig an die
Zukunft denken

Die Kindheit ist eine Zeit des Wachsens, Reifens, Lernens und Spielens. Kinder, die diese Zeit in Ruhe durchlaufen dürfen, ohne vorzeitig von ehrgeizigen Wünschen der Eltern zu allen möglichen Aktivitäten gedrängt zu werden, bilden „Kapital" für später. Sie entwickeln eine gesunde emotionale und intellektuelle Basis, die eine solide Grundlage darstellt für das Erwachsenenleben. Kindheit, die nicht gelebt werden darf, ist unwiederbringlich verloren. Eltern haben es in der Hand, ihren Kindern den Freiraum zu gewähren, den sie brauchen: Nachmittage mit Freunden, Wochenenden, die nicht nur unterwegs verbracht werden, sondern Zeit zum Spielen lassen.

Das war nun ein Überblick darüber, wie Eltern sein sollen. Wie sie *nicht* sein sollen, sagt uns Jürgen Spohn in seinem Gedicht:[14]

---

[14] Jürgen Spohn, „nanu" Wandzeitung, Beltz Verlag, Weinheim

Eltern!

Keine Zeit
für liebe Worte
Keine Zeit
für eine Torte

Keine Zeit
mal mitzumachen
Keine Zeit
mal mitzulachen

Keine Zeit
mich mal zu loben
Keine Zeit
mal mitzutoben

Keine Zeit
nach mir zu fragen
Keine Zeit
mal „komm" zu sagen

Keine Zeit
dabei zu sein
aber Zeit
mich anzuschrein

Keine Zeit
für Kinderleid
Keine Zeit
für Zärtlichkeit

Keine Zeit mehr
für ein Spiel
„Keine Zeit"
das ist nicht viel

Was Kinder uns sagen

Kinder geben zu erkennen, wenn sie Hilfe brauchen, sich schlecht fühlen oder wütend sind.

Aber sie machen es uns meist nicht leicht, sie zu verstehen, gerade weil sie sich nur in den seltensten Fällen verbal ausdrücken. Und selbst dann – wir haben es bei Lena gesehen – wird etwas ganz anderes übermittelt als das tatsächliche Problem. So bleibt uns nur eines: Wir müssen ein feines Gespür entwickeln für die tatsächliche, versteckte Botschaft.

Die häufigsten dieser Botschaften habe ich auf Seite 16 f. bereits zusammengestellt.

Wie schwer es Kindern fällt, ihre Bedürfnisse direkt zu äußern und das zu verlangen, was ihnen fehlt, ist in verschiedenen Geschichten klar geworden.

Dazu möchte ich ebenfalls ein Gedicht zitieren, von Marianne Kraft:[15]

Sabine

Wenn Sabine Hunger hat,
dann sagt sie: Ich habe Hunger.
Wenn Sabine Durst hat,
dann sagt sie: Ich habe Durst.
Wenn Sabine Bauchweh hat,
dann sagt sie: Ich habe Bauchweh.
Dann bekommt sie zu essen,
zu trinken und auch
eine Wärmflasche auf den Bauch.

Und wenn Sabine Angst hat,
dann sagt sie nichts.
Und wenn Sabine traurig ist,

---

[15] Marianne Kreft, in: Hans-Joachim Gelberg, Überall und neben dir, Weinheim und Basel, Beltz Verlag 1986

dann sagt sie nichts.
Und wenn Sabine böse ist,
dann sagt sie nichts.

Niemand weiß,
warum Sabine Angst hat.
Niemand weiß,
warum Sabine traurig ist.
Niemand weiß, warum Sabine böse ist.
Niemand kann Sabine verstehen
und niemand kann Sabine helfen,
weil Sabine
nicht über Sabine spricht.

Wenn es uns gelingt, kindliche Botschaften zu entschlüsseln, dann geht es nicht so wie in diesem Gedicht: Dann können wir sehr wohl helfen, auch wenn uns nicht direkt gesagt wird, „wo es brennt". Die Kompetenz dafür zu steigern, ist ein lohnendes Ziel für alle Eltern und Erzieher.

Was Kinder brauchen

Nichts ist für ein Kind so wichtig wie gute Eltern. Das soll natürlich nicht heißen, dass sie perfekt sein müssen. Es wird wohl kaum Eltern geben, die nicht irgendwelche Fehler begehen und sich später einmal denken: Das oder jenes würde ich heute ganz anders machen.

Wer sich Mühe gibt, seine Kompetenz ständig zu steigern und seine Erziehungsmaximen immer wieder reflektiert, der wird viele Fehler vermeiden können.

Die Geschichten in diesem Buch konnten hoffentlich dazu beitragen, Sie für manches zu sensibilisieren und damit auch Ihren pädagogischen Handlungsspielraum zu erweitern. Kinder sind interessant. Es lohnt sich, über sie nachzudenken. Und es ist wunderschön, Kinder zu haben. Dass es Ihnen gelingen möge, zu Ihren Kindern eine Beziehung voller emotionaler Wärme aufzubauen und auch für später zu erhalten, das ist das Beste, was ich Ihnen wünschen kann.

Denn nicht nur Kinder brauchen einen Menschen für all das, was Regina Schwarz in ihrem Gedicht beschreibt:[16]

Wen du brauchst

Einen zum Küssen und Augenzubinden,
einen zum lustige-Streiche-erfinden.
Einen zum Regenbogen-suchen-gehen
und einen zum fest-auf-dem-Boden-stehn.
Einen zum Brüllen, zum Leisesein einen,
einen zum Lachen und einen zum Weinen.
Auf jeden Fall einen, der dich mag,
heute und morgen und jeden Tag.

---

[16] Regina Schwarz, aus: Ebenda

Quellennachweise:

Menschenskinder

Roswitha Defersdorf
Deutlich reden, wirksam handeln
Kindern zeigen, wie Leben geht
Band 4829

Damit Kinder ihren Weg eigenständig und erfolgreich gehen lernen
brauchen sie Eltern, die eindeutig, klar und liebevoll sind.

Monika Niederle
Kinderängste verstehen
Eltern geben Mut und Sicherheit
Band 4821

Trennungsängste, Verlassenheitsängste, Versagensängste: Eine
konsequente Erziehung ist der beste Schutz davor. Für alle Eltern,
die ihren Kindern Mut machen wollen.

Jamie Miller
Mit Kindern Werte entdecken
Spiele und Ideen
Band 4813

Vertrauen, Ehrlichkeit, Mut, Ziele haben, Dankbarkeit empfinden:
Dies zu lernen ist wichtiger als Aufräumen oder Knöpfe annähen.

Peter Veith
Jedes Kind braucht seinen Platz
Geschwister in der Familie
Band 4792

Hier wird gezeigt, was Eltern über die Entwicklungsmöglichkeiten,
Schwierigkeiten und Chancen geschwisterlichen Miteinanders wissen
müssen.

Marleen Noack
Schulerfolg leicht gemacht
Wie mein Kind das Lernen lernt
Band 4723

Die richtige Lernweise, eine gute Motivation und sinnvolle Tages-
planung geben dem Schulstress keine Chance mehr.

HERDER spektrum